Stichprobentheorie

Grundlagen, Theorie und Technik

Von
Professor Dr. Bernd Leiner

3., durchgesehene Auflage

R. Oldenbourg Verlag München Wien

Die Deutsche Bibliothek – CIP-Einheitsaufnahme

Leiner, Bernd:
Stichprobentheorie : Grundlagen, Theorie und Technik / von Bernd Leiner. – 3., durchges. Aufl. – München ; Wien : Oldenbourg, 1994
ISBN 3-486-22850-1

Gesamtherstellung: Rieder, Schrobenhausen

ISBN 3-486-22850-1

Inhaltsverzeichnis

Vorwort zur ersten Auflage

Die Stichprobentheorie gehört zum klassischen Ausbildungsprogramm im Fach Statistik an bundesdeutschen Hochschulen. So hat auch dieses Buch von Fortgeschrittenenveranstaltungen profitiert, die von mir an der Universität Heidelberg für interessierte Ökonomen (vorzugsweise der mathematischen Studienrichtung) und Mathematiker angeboten werden. Es kam mir darauf an, die essentiellen statistischen Grundlagen dieses für die praktische Forschung so bedeutsamen Gebietes in einem handlichen Lehrbuch darzustellen.

Auf der Grundlage der Kenntnisse, die heutzutage die elementare Statistikausbildung im Grundstudium für Ökonomen vermittelt, werden die Grundbegriffe der Stichprobentheorie und der mit ihr entwickelten praktischen Techniken aufgebaut. Die verwendeten mathematischen Hilfsmittel sind von einfacher Bauart, da nur diskrete Zufallsvariablen untersucht werden (keine Integrationen, keine komplexen Zahlen). Das Arbeiten mit dem Summationszeichen wird in Anhang A I veranschaulicht. Da die Güte von Stichprobenverfahren hauptsächlich anhand von Erwartungswerten und Varianzen beurteilt wird, sind die wichtigsten Regeln für den Umgang mit diesen Konzepten in Anhang A III zusammengestellt.

Die in dieser Darstellung verwendeten Formeln werden anhand einfacher Modelle entwickelt, so daß ein System von Hinweisen und einfachen Beweisen das Verständnis erleichtert. Ein etwas anspruchsvollerer Beweis im Zusammenhang mit der Verhältnisschätzung wurde in den Anhang A IV verlagert.

Am Ende jeden Kapitels kann der Leser mit einigen Übungsaufgaben überprüfen, wie vertraut er mit dem dargebotenen Stoff ist und seine Berechnungen mit den Lösungen im Anhang A V vergleichen. Der Vertiefung seiner Kenntnisse sollen die Literaturempfehlungen am Ende der Kapitel dienen.

So ist zu hoffen, daß sich dieses Lehrbuch gleichermaßen im Vorlesungsbetrieb zur Unterstützung einsemestriger Veranstaltungen bewährt und von Praktikern zur Hand genommen wird, die anhand einer Einführung die Grundlagen neuerer Methoden der Stichprobentechnik erarbeiten und ihr Statistikverständnis erweitern wollen.

Daß das Interesse für dieses Gebiet schon in meiner Studienzeit geweckt wurde, verdanke ich meinem im vorigen Jahr verstorbenen Lehrer, Herrn Professor Dr. Günter Menges. Daß ich mich diesem Gebiet eingehender zugewendet habe, ist einer Ermutigung durch Herrn Professor Dr. Horst Stenger zuzuschreiben. Herrn Diplom-Volkswirt Stefan Huschens danke ich für seine tatkräftige Hilfe bei der Korrektur der Endfassung. Für die Bereitschaft des R. Oldenbourg Verlages, dieses Buch in seine Lehrbuchreihe aufzunehmen, danke ich namentlich Herrn Diplom-Volkswirt Martin Weigert.

Bernd Leiner

Vorwort zur 2. und 3. Auflage

Nach Erscheinen der 1. Auflage der "Stichprobentheorie" habe ich als Ergänzung hierzu sieben BASIC-Computerprogramme zur Stichprobentechnik entwickelt, die dann im Rahmen eines separaten Buches mit 30 Programmen unter dem Titel "Statistik-Programme in BASIC" im gleichen Verlag erschienen sind.

Ein neueres BASIC-Programm zur zweistufigen Auswahl ist nun in dieser 2. Auflage der "Stichprobentheorie" in Anhang A VI enthalten. Es soll gleichermaßen verdeutlichen, wie mit moderner Rechentechnik komplizierte Formeln effizient in Algorithmen umgesetzt werden können, die auch dem Programmier-Anfänger zugänglich sind.

Aus der Erkenntnis heraus, daß die zweistufige Auswahl mit konstanter Anzahl von Sekundäreinheiten erhebliche Rechenvorteile für die Praxis bringt, wurde dieses Modell in Anhang VII neu aufgenommen.

In einem neuen 11. Kapitel wurden praktische Aspekte des Arbeitens mit Stichprobenverfahren herausgestellt. Wie alle anderen ist auch dieses Kapitel Bestandteil meiner Lehrveranstaltung "Angewandte Stichprobenverfahren" an der Universität Heidelberg.

Bernd Leiner

1. Kapitel
Einführung

1.1. Stichproben und Vollerhebungen

Die Gesamtheit der Einheiten (Personen, Institutionen oder Gegenstände), die in einer statistischen Untersuchung auf ihre besonderen Eigenheiten hin zu beschreiben sind, bezeichnet man als Grundgesamtheit (engl. population, universe). Werden tatsächlich alle Einheiten dieser Grundgesamtheit untersucht, so bezeichnet man dies als eine Vollerhebung. Begnügt man sich mit einer Auswahl der Einheiten der Grundgesamtheit, so nennt man diese Teilerhebung auch Stichprobe (engl. sample).

Obwohl das Ziehen von Stichproben und die damit verbundenen Rückschlüsse auf Eigenheiten der dahinterstehenden Grundgesamtheiten zumindest im kaufmännischen und administrativen Bereich eine bis in die Antike reichende Tradition aufweisen, sind die mathematischen Hintergründe statistischer Rückschlüsse aufgrund von Stichprobenbeobachtungen erst in diesem Jahrhundert systematisch untersucht worden.

Das zunehmende Interesse für Stichprobenuntersuchungen in den verschiedensten Anwendungsgebieten läßt sich im Grunde leicht erklären. Die klassischen Motive für die Durchführung von Stichprobenuntersuchungen, die sich auf die beträchtliche Kostenersparnis und den erheblichen Zeitgewinn gegenüber der Durchführung und Auswertung einer Vollerhebung gründen, haben gerade in der heutigen Zeit ein beträchtliches Gewicht. Zudem wächst die Überzeugung, daß Stichprobenerhebungen den Vollerhebungen dann überlegen sein können, wenn wegen der kleineren Anzahl der zu untersuchenden Einheiten (Befragungen, Materialprüfungen) auf die einzelne Einheit mehr Aufmerksamkeit verwendet werden kann. So können gut geschulte Interviewer und Materialprüfer eingesetzt werden, die man sich in mancher Vollerhebung nicht leisten kann. Aus technischen Gründen ist man in Materialprüfungen ausschließlich auf Stichprobenuntersuchungen angewiesen, wenn durch die Materialprüfung der untersuchte Gegenstand zerstört wird. Beispiele hierfür sind die Ermittlung der Lebensdauer von Fernsehbildröhren, der Bruchfestigkeit von Kunststoffen und Metallteilen sowie anderer Werkstoffe, der Reißfestigkeit von Textilien usw. Hinzu kommen im gesellschaftlichen Bereich in neuerer Zeit Situationen, in denen die Einsicht in die Notwendigkeit statistischer Globaluntersuchungen schwindet und insbesondere wiederholte Befragungen auf kritische Widerstände stoßen.

Mit zunehmendem Einsatz von Stichprobentechniken weist gleichwohl die Vollerhebung feststehende Vorzüge auf. So lassen sich mit Stichproben, in denen nur ein kleiner Prozentsatz von Personen bzw. Unternehmen erfaßt wird, die regionalen Besonderheiten einer Nation und ihrer Wirtschaft nur sehr unzuverlässig beschreiben. Wo regionale Detaillierung gefordert ist, wie z.B. zur Versorgung der Bevölkerung mit Wohnraum, beim Ausbau des Verkehrsnetzes, für den Finanzausgleich der Kommunen sowie strukturpolitischen Entscheidungen, ist man zumeist auf Informationen aus Vollerhebungen angewiesen. So sind für Wirtschaft und Verwaltung (man denke auch an die Sozialpolitik, das Schulwesen sowie den akademischen Bereich) Vollerhebungen und die aus ihnen resultierenden Informationen nicht zu unterschätzende Entscheidungshilfen. Im demographischen Bereich hat man erkannt, daß ethnische und soziologische Minderheiten nur mittels Vollerhebungen exakt erfaßt werden können. Ähnliches gilt für Spezialstatistiken im Wirtschaftsleben, die sich mit einzelnen Handwerksbetrieben und Berufsgruppen befassen und in Form sogenannter Zensen durchgeführt werden. Nicht zuletzt weisen Vollerhebungen eine Eigengesetzlichkeit auf: Man benötigt von Zeit zu Zeit Vollerhebungen, um die veralteten Ergebnisse früherer Vollerhebungen zu aktualisieren. Im übrigen sind Resultate von Vollerhebungen hilfreich für die Planung und Durchführung von Stichproben, wenn sie es gestatten, den Erhebungsrahmen dieser Stichproben abzustecken (Adressenlisten, Informationen über die Struktur von Bevölkerung und Wirtschaft usw.).

1.2. Anwendungsgebiete

Es gibt sicher kaum einen Wissenschaftsbereich, für den die Beschäftigung mit Stichproben als überflüssig erscheint. So sollen hier exemplarisch als Anwendungsgebiete erwähnt werden die Geologie (Gesteinsproben, Erdölbohrungen, hydrologische Untersuchungen), der Umweltschutz (Wasserproben, Messungen der Luftverschmutzung), die Medizin (Blutuntersuchungen, Röntgenaufnahmen, Messungen der Körpertemperatur), die Biologie (Beobachtung von Versuchstieren, capture-release-Verfahren für Wildtiere), die Pharmazie (Analyse von Arzneimitteln), die Technik (Materialprüfungen), die Physik (physikalische Versuche, astrophysikalische Beobachtungen), die Chemie (Bestimmung der Zusammensetzung chemischer Verbindungen) und nicht zuletzt die Mathematik, der wir geeignete Modellentwicklungen verdanken.

Neben diesen naturwissenschaftlichen Domänen weitet sich das Anwendungsgebiet der Stichprobentechnik in den Verhaltenswissenschaften zusehends aus. So beruhen zahlreiche Forschungsergebnisse der Psychologie auf der Beobachtung und Befragung ausgewählter Einzelpersonen, in der Ethnologie werden bestimmte Familien und Stammesgruppen untersucht, die Soziologie beleuchtet ausgewählte soziologische Gruppen und deren Lebensverhältnisse. Als weitere prominente Anwendungsbereiche der Stichprobentechnik kann man die Meinungsbefragung (Beurteilung der gesamtwirtschaftlichen Lage), die Marktforschung (Beliebtheit eines Produkts) und das Fernsehen (Sehbeteiligung) anführen ebenso wie die Durchführung von Wahlen (Hochrechnung von Wahlergebnissen).

In der Volkswirtschaftslehre beruhen zahlreiche ökonomische Daten auf Stichprobenunterlagen. Beispielhaft sei der Mikrozensus genannt, der in der Bundesrepublik Deutschland Daten des Bevölkerungs- und Erwerbslebens liefert (neuerdings nur noch aufgrund einer jährlichen 1%-Stichprobe). Selbst makroökonomische Daten basieren auf stichprobenartig ermittelten Ergebnissen und daraus entwickelten Schätzungen. Zu den betriebswirtschaftlichen Anwendungen zählen auch Revisionen, Inventuren, die Erfassung von Lagerbeständen sowie die Überprüfung von Wareneingang und Produktion.

1.3. Grundbegriffe

Die Grundgesamtheit, die einer Stichprobe zugrundeliegt, kann theoretisch unendlich groß sein, so etwa die Gesamtheit aller Mäuse, oder sie ist endlich, beispielsweise die Gesamtheit der westdeutschen Steinkohlegruben in diesem Jahr. Jede Grundgesamtheit besteht als statistische Masse aus statistischen Einheiten. Diese zu betrachtenden Einheiten (Personen, Institutionen oder Gegenstände) nennen wir exakter Untersuchungseinheiten. Sie sind der materielle Gegenstand einer Untersuchung, ihre statistischen Merkmale, die ihre Eigenheiten festhalten (sogenannte Prädikatsmerkmale oder Merkmale im engeren Sinn), sollen ermittelt werden.

Aus organisatorischen Gründen werden oft anstelle der eigentlichen Untersuchungseinheiten Erhebungseinheiten erfaßt, die mehrere Untersuchungseinheiten enthalten können. So kann ein Haushalt die Erhebungseinheit sein, wobei man durch die Befragung einer Person dieses Haushalts Informationen über alle Personen des Haushaltes erhält, die als Untersuchungseinheiten anzusehen sind. In der Industriestatistik bedient man sich oft der Betriebe als Erhebungseinheiten, wenn man Informationen über die Beschäftigten dieser Betriebe als interessierende Untersuchungseinheiten sammeln möchte. In einer Erhebung, in der man alle Untersuchungseinheiten direkt befragt, sind somit Erhebungseinheit und Untersuchungseinheit identisch.

Von der Erhebung zu trennen ist die Auswertung der statistischen Angaben. Ist das erhobene Datenmaterial umfangreich, so empfiehlt sich aus Zeit- und Kostengründen auch für Vollerhebungen oft eine (stichprobenartig) durchgeführte Teilauswertung. So gibt es Volkszählungen, die nie vollständig ausgewertet wurden, da dies die vorhandene Personalkapazität überstiegen hätte. Auch im Rahmen umfangreicherer Stichproben finden Teilauswertungen als sogenannte Vorwegaufbereitungen statt, die eine schnellere Präsentation gestatten. Grundsätzlich ist es jedoch ein Vorzug gerade der Stichproben, daß das gesamte erhobene Datenmaterial recht schnell und vergleichsweise zu wesentlich niedrigeren Kosten ausgewertet werden kann.

1.4. Organisatorisches Vorgehen in Stichprobenuntersuchungen

Zur Durchführung von aussagefähigen Stichprobenuntersuchungen sind umfangreiche Vorarbeiten erforderlich. Die hiermit verbundenen Probleme sind derart umfangreich, daß sie eine separate Publikation verdienten. Abgesehen von methodischen Detailfragen, die später wieder aufgegriffen werden sollen, sollen hier nur einige grundsätzliche Feststellungen getroffen werden.

So muß zunächst einmal der Erhebungsrahmen (engl. frame) einer Stichprobenuntersuchung abgesteckt werden, d.h. etwa, daß eine Liste aller Haushalte vorliegt, die für eine bestimmte Untersuchung in Frage kommen. Eine solche Haushaltsliste kann beruhen auf Adreßbüchern, Einwohnerlisten der Gemeinden, Telefonbüchern, den Adressenlisten der Energieversorgungsbetriebe oder den Adressen aus einer früheren Vollerhebung. Sollen Unternehmen untersucht werden bzw. als Erhebungseinheiten dienen, so kann man auf spezielle Branchenverzeichnisse, die gelben Telefonbücher, Listen von Industrie- und Handwerkskammern, Handelskammern sowie sonstiger berufsständischer Organisationen zurückgreifen. In anderen Fällen mögen Landkarten dazu dienen, eine Auswahl der Erhebungseinheiten, z.B. Häuser, Grundstücke oder landwirtschaftlicher Betriebe, vorzunehmen. Mit dem Erhebungsrahmen ist somit die Grundgesamtheit, die die Auswahlgrundlage für die Stichprobe bilden soll, eindeutig abzugrenzen. Formal läßt sich die Grundgesamtheit als Masse statistischer Einheiten dadurch abgrenzen, daß für die zu erhebenden Einheiten - und, sofern davon abweichend, auch für die zu untersuchenden Einheiten - sogenannte Identifikationsmerkmale festgelegt werden. Bekanntlich unterscheidet man in der deskriptiven Statistik sachliche, räumliche und zeitliche Identifikationsmerkmale. Zu den sachlichen Identifikationsmerkmalen zählen etwa Merkmale, die zur definitorischen Abgrenzung eines Haushalts erforderlich sind (Selbständigkeit, Kochgelegenheit usw.). Mit der räumlichen Abgrenzung würde dieser Haushalt einer bestimmten Gemeinde zuzuordnen sein, zeitlich würde interessieren, ob dieser Haushalt an einem Stichtag bereits oder noch existierte.

Wird die Untersuchung durch Interviewer durchgeführt, so sind diese zunächst über diese Details zu informieren, um zu vermeiden, daß aus Unkenntnis über Ziele der Untersuchung zu erfassende Untersuchungseinheiten einfach übergangen werden. Entsprechend soll vermieden werden, daß außerhalb des Erhebungsrahmens liegende Untersuchungseinheiten versehentlich miterfaßt werden.

In der Auswahl der Erhebungseinheiten unterschiedlicher Größe sollte den Interviewern bzw. den mit der Vornahme von Proben betrauten Personen (field workers) nicht übermäßig Freiraum gelassen werden. Zur Veranschaulichung dieser Problematik hat Yates ([1965], S. 12) in einem Versuch 12 Personen gebeten, aus einer Ansammlung von 1200 Steinen je 20 repräsentative Steine herauszusuchen. Bei einem Durchschnittsgewicht von 1,91 Unzen in der Grundgesamtheit betrug dagegen das Durchschnittsgewicht der Proben 1,8 ; 1,9 ; 2,0 ; 2,2 ; 2,2 ; 2,3 ; 2,5 ; 2,6 ; 2,6 ; 2,6 ; 2,7 und 2,7 Unzen. Somit hatten 10 der 12 Personen die größeren Steine als repräsentativ angesehen. In der Praxis läßt sich feststellen, daß sich Interviewer eher für größere Einheiten entscheiden, z.B. für größere Handwerksbetriebe, die mehr Beschäftigte aufweisen, oder für größere Haushalte, da dort eher jemand anzutreffen ist, oder für grössere landwirtschaftliche Betriebe, wenn die Leistungsfähigkeit einer bestimmten Region ermittelt werden soll, oder für Hochhäuser mit vielen Haushalten, um sich lange Wege zu sparen.

Das Entwerfen von Fragebögen gehört zu den Vorbereitungstätigkeiten, deren Wert nicht zu gering angesetzt werden sollte. In vielen Fällen muß erst in ausführlichen Gesprächen mit den Auftraggebern einer Untersuchung geklärt werden, was konkret zu erfragen gewünscht wird. Abgesehen von den mit umfangreichen Fragen verbundenen Kosten sollte Berücksichtigung finden, daß allzuviele Fragen eine Belastung für den Antwortenden darstellen und zu ungenauen Antworten oder zur Nichtbeantwortung einzelner oder aller Fragen führen können.

Die Fragen selbst sollten präzise, eindeutig und verständlich formuliert sein. Mit der Vorgabe alternativer Antworten, die anzukreuzen sind, kann einer Untersuchung a priori eine falsche Richtung gegeben werden, wenn der Antwortende keine Gelegenheit findet, seine davon abweichende eigentliche Antwort zu formulieren.

Die Interviewer sollten nach Möglichkeit so ausgewählt bzw. geschult werden, daß sie nicht einseitig die zu Befragenden beeinflussen. Wie gut Interviewer und Fragebogen sind, sollte durch eine Voruntersuchung überprüft werden.

1.5. Stichproben, die nicht auf dem Zufallsprinzip beruhen

Die Nutzung von Erkenntnissen der Wahrscheinlichkeitsrechnung für die Planung und Durchführung von Stichprobenerhebungen, die dann als Zufallsstichproben bezeichnet werden, entwickelt sich immer stärker. In gleichem Maße sinkt die Bedeutung von Stichproben, die nicht auf dem Zufallsprinzip beruhen und unter dem Begriff Beurteilungsstichproben zusammengefaßt werden können.

Da die späteren Ausführungen sich ausschließlich mit den Zufallsstichproben auseinandersetzen, sollen hier kurz einige Beurteilungsstichproben vorgestellt werden. Ihnen ist gemeinsam, daß ihre Vorbereitung, Durchführung und Kontrolle im allgemeinen weniger Sorgfalt erfordert als Zufallsstichproben gleicher Größe, was Konsequenzen für die Zuverlässigkeit der Ergebnisse hat. Eine Überprüfung dieser Ergebnisse von Beurteilungsstichproben mit Hilfe der Wahrscheinlichkeitsrechnung ist nicht möglich. Zudem weisen Beurteilungsstichproben mehr oder weniger stark subjektive Elemente auf, so daß sie objektiven Kriterien wie Nachvollziehbarkeit und Wiederholbarkeit im Sinne wissenschaftlicher Untersuchungen nicht standhalten.

In der statistischen Praxis lassen sich folgende Typen von Beurteilungsstichproben registrieren:

(1) Die Staffelungsmethode

Sie geht zurück auf den Naturwissenschaftler Francis Galton (vgl. Menges [1959], S. 75) und verfährt nach folgendem Muster: In einer Stichprobe werden alle Einheiten nach einem ausgewählten Merkmal (z.B. Personen nach der Körpergröße, Betriebe nach dem Umsatz oder der Anzahl der Beschäftigten) geordnet und die Einheit wird ausgewählt, die den Median darstellt, d.h. gleich viele größere Einheiten über sich, wie kleinere Einheiten unter sich hat in dieser Anordnung. Die ausgewählte Einheit - und nur diese - wird dann bezüglich aller interessierenden Merkmale detailliert untersucht und als stellvertretend für die Masse der Einheiten angesehen. Diese Methode mag zwar für ethnologische Untersuchungen ein brauchbarer Weg sein, wenn Messungen zahlreicher Personen eines Stammes nicht geduldet werden, aber selbst im biologischen Bereich, aus dem die Methode stammt, dürfte dieses Verfahren nun als antiquiert gelten. Für den ökonomischen Bereich sollte dieses Verfahren nicht verwendet werden, da es auf dem Median nur eines Merkmals fußt und das Streuungsverhalten in der Stichprobe ignoriert.

(2) Die Auswahl typischer Einzelfälle

Bei dieser "bewußten Auswahl" (engl. purposive sampling)(vgl. Kellerer [1953], S. 10) stützt man sich auf praktische Erkenntnisse, um etwa die Lohnsituation in einem bestimmten Wirtschaftszweig anhand eines ausgewählten typischen mittelständischen Betriebes aufzuzeigen. Ein solches Vorgehen ist noch zu tolerieren, wenn es sich um eine Branche mit homogener Zusammensetzung handelt, d.h. wenn diese Betriebe ein ziemlich einheitliches Produktionsprogramm aufweisen und die Konkurrenzsituation nicht von Großbetrieben geprägt ist. Dies dürfte jedoch in der Praxis eher in Ausnahmefällen gegeben sein. Menges ([1959], S. 77) kritisierte in diesem Zusammenhang: "Die gesamte Preisstatistik, große Teile der Verbrauchsstatistik sowie kleinere Teile der Einkommenstatistik (insbesondere die Lohnstatistik) sind nicht nur in Deutschland, sondern auch in den wichtigsten außerdeutschen Staaten nach wie vor auf das Prinzip der typischen Einzelfälle gegründet, oder vielmehr: sie berufen sich auf dieses Prinzip." Trotz einiger methodischer Änderungen entspricht dieses Bild auch dem heutigen Vorgehen z.B. bei der Auswahl von typischen Haushalten, deren Wirtschaftsrechnungen erfaßt werden oder bei der Ermittlung von Preisen typischer Produkte (Herrenfilzhut, streichfähige Wurst, Plastikeimer und dergleichen), um damit allgemeine Aussagen über die Preisentwicklung zu treffen.

(3) Die symptomatische Auswahl

Da dies oft zu mühsam ist und um Kosten zu sparen, erfaßt man zuweilen mit einer Stichprobenuntersuchung nicht das Phänomen direkt, an dem man vorrangig interessiert ist, sondern begnügt sich mit einer statistischen Ersatzgröße, die leichter zu erfassen ist. Hierbei wird davon ausgegangen, daß sich das Phänomen und seine Ersatzgröße in gleicher Richtung entwickeln. So kann man etwa die touristische Leistungsfähigkeit einer Gemeinde an der Anzahl der Betten messen, die für Beherbergungszwecke zur Verfügung stehen (vgl. Menges-Leiner [1971]).

(4) Das Quotenverfahren

Mit dem Quotenverfahren (engl. quota sampling) wird für bestimmte Merkmale in der Stichprobe die Struktur der Grundgesamtheit nachgeahmt. So wird beispielsweise ein Interviewer angewiesen, in seiner Stichprobe eine vorgegebene Anzahl männlicher Personen im Alter zwischen 40 und 50 Jahren mit Abitur und Eigenheim einer Gemeinde zu befragen. Da er ansonsten von Haus zu Haus gehen und die zu Befragenden frei auswählen kann, unterscheidet sich diese Methode von einer Zufallsstichprobe, in der a priori bestimmte Einheiten nach dem Zufallsprinzip ausgewählt werden und dann nicht mehr durch andere Einheiten substituiert werden können. Immerhin ist anzumerken, daß die von Gallup in den USA durchgeführten Wahlprognosen auf diesem Verfahren beruhen und als recht treffsicher gelten (insbesondere im Vergleich zu früheren Stichproben, die trotz größerer Stichprobenumfänge ungenauer waren, da sie weder das Zufallsprinzip berücksichtigten noch der Struktur der Grundgesamtheit gerecht wurden).

(5) Die Probeerhebung

Probeerhebungen (engl. pilot surveys) zählen zu den Beurteilungsstichproben, wenn zur Überprüfung von Fragebögen und Interviewern Gemeinden ausgewählt werden, die man in ihrer Zusammensetzung für repräsentativ hält. Die Auswahl einer solchen Gemeinde entspricht daher zumeist eher praktischen Bedürfnissen als einem Wahrscheinlichkeitsmodell und entzieht sich oft einer objektiven Überprüfung. Immerhin kann man auf diese Weise feststellen, ob die Fragen eines Fragebogens klar genug sind oder z.B. abschätzen, wie groß der Anteil der Antwortverweigerer sein wird.

(6) Die Auswahl auf's Geratewohl

Diese Form der Befragung beruht auf der naiven Vorstellung, daß es genügt, z.B. Passanten einer belebten Einkaufstraße zu befragen, um ein repräsentatives Bild der Ansichten der Bevölkerung zu erhalten. Andere Spielarten dieser Auswahl auf's Geratewohl (engl. chunk, vgl. Deming [1957], S. 14-15) bestehen in der Befragung von Kunden eines Kaufhauses zu bestimmten Uhrzeiten, der Wiedergabe von Höreranrufen einer Radiosendung oder der Befragung von Besuchern einer Veranstaltung. Diese Befragungen haben mit Zufallsstichproben nichts gemeinsam, da nur nichtrepräsentative Teilgruppen (vorzugsweise Hausfrauen und Rentner) angesprochen werden, die zu einem bestimmten Zeitpunkt gerade greifbar sind und nicht einen Bogen um den Fragenden machen. Man kann geradezu behaupten, daß die Auswahl auf's Geratewohl dem Zufall keine Chance läßt, da bestimmte Gruppen mit Sicherheit nicht repräsentiert sind. Gleichwohl erfreut sich diese Beurteilungsstichprobe großer Beliebtheit unter Laien, da sie eigentlich ohne aufwendige Vorarbeiten auskommt, keinerlei Berechnungen erfordert, Substitutionen antwortunwilliger Personen ohne weiteres zuläßt und nach der subjektiven Einschätzung des Fragenden ein Stimmungsbild der Bevölkerung zeichnet.

(7) Das Konzentrationsprinzip

In der wirtschaftsstatistischen Praxis ist öfters zu beobachten, daß ein kleiner Prozentsatz der zu untersuchenden Einheiten einen vergleichsweise hohen Prozentsatz der Ausprägungen des betrachteten Merkmals auf sich zieht. So kann etwa eine kleine Anzahl industrieller Großbetriebe mehr Beschäftigte aufweisen als die restlichen Handwerksbetriebe in dem betrachteten Wirtschaftszweig. Aufgrund einer solchen schiefen Verteilung der Merkmalswerte findet das Konzentrationsprinzip eine empiristische Rechtfertigung. Man untersucht hierbei im Beispiel nur die Großbetriebe, die insgesamt einen sehr großen Anteil der Untersuchungseinheiten auf sich vereinigen und vernachlässigt gänzlich den Rest der Betriebe (mittlere und kleinere Betriebe). Zwar ist eine solche Art der Erhebung vergleichsweise einfach, billig und zeitsparend, sie läßt jedoch keinen Schluß auf die abweichende Situation der nicht erfaßten Betriebe zu. Zudem erscheinen die Grenzen dieses Abschneideverfahrens (engl. cut-off method) willkürlich.

1.6. Verzerrung und Varianz von Stichprobenschätzungen

Bevor wir uns mit einzelnen Zufallsmodellen auseinandersetzen, sollen einige Begriffe der Wahrscheinlichkeitsrechnung in Erinnerung gebracht werden. Wegen einer ausführlicheren Darstellung sei verwiesen auf Leiner [1980] und Anhang AIII.

Wir bezeichnen mit θ einen aufgrund der Stichprobe zu schätzenden Parameter der Grundgesamtheit. Dann ist $\hat{\theta}$ die Stichprobenschätzung dieses Parameters. Aufgrund einer Folge von Stichproben erhalten wir Stichprobenschätzungen $\hat{\theta}_1$, $\hat{\theta}_2$, ..., $\hat{\theta}_t$, ..., die als Zufallsvariablen angesehen werden können. Für diese Stichprobenschätzungen, für die entweder nur eine endliche Anzahl von Modalitäten existiert (dann gilt $t = 1, 2, \ldots, T$) oder T über alle Grenzen wachsen kann bei stetigen Merkmalen, läßt sich wie gewohnt ein Erwartungswert $E(\hat{\theta}_t)$ berechnen.

Sofern $E(\hat{\theta}_t) = \theta$ für alle t, d.h. der Erwartungswert der Stichprobenschätzungen mit dem zu schätzenden Parameter der Grundgesamtheit zusammenfällt, sind die Stichprobenschätzungen erwartungstreu.

Sofern $\lim\limits_{t\to\infty} E(\hat{\theta}_t) = \theta$, sind die Stichprobenschätzungen asymptotisch erwartungstreu.

Die Größe

$$b_{\hat{\theta}_t} = E(\hat{\theta}_t) - \theta \tag{1.6.1}$$

bezeichnet man als die Verzerrung (engl. bias) der Stichprobenschätzung. Für asymptotisch erwartungstreue Stichprobenschätzungen gilt also $\lim\limits_{t\to\infty} b_{\hat{\theta}_t} = 0$. Ist $b_{\hat{\theta}_t}$ positiv, so wird θ durch die $\hat{\theta}_t$ überschätzt. Ist $b_{\hat{\theta}_t}$ negativ, so wird θ durch die $\hat{\theta}_t$ unterschätzt. Ein systematischer Stichprobenfehler hat somit zur Folge, daß $\lim\limits_{t\to\infty} b_{\hat{\theta}_t} \neq 0$.

Mit

$$(1.6.2)\qquad V(\hat{\theta}_t) = E\{[\hat{\theta}_t - E(\hat{\theta}_t)]^2\}$$

bezeichnen wir die Varianz der Stichprobenschätzung $\hat{\theta}_t$.

Die Größe $E[(\hat{\theta}_t - \theta)^2]$ bezeichnen wir als mittleren quadratischen Fehler (engl. mean square error, abgekürzt MSE). Für ihn gilt die Beziehung

$$(1.6.3)\qquad E[(\hat{\theta}_t - \theta)^2] = V(\hat{\theta}_t) + (b_{\hat{\theta}_t})^2 ,$$

d.h. der mittlere quadratische Fehler ist zugleich die Summe von Varianz und quadrierter Verzerrung der Stichprobenschätzung. Zum Beweis der Gültigkeit der Beziehung (1.6.3) bilden wir

$$\begin{aligned} E[(\hat{\theta}_t - \theta)^2] &= E\,\{\{\hat{\theta}_t - E(\hat{\theta}_t)] + [E(\hat{\theta}_t) - \theta]\}^2\} \\ &= E\,\{[\hat{\theta}_t - E(\hat{\theta}_t)]^2\} + E\{[E(\hat{\theta}_t) - \theta]^2\} \\ &\quad + 2E\{[\hat{\theta}_t - E(\hat{\theta}_t)][E(\hat{\theta}_t) - \theta]\} \\ &= V(\hat{\theta}_t) + [E(\hat{\theta}_t) - \theta]^2 , \end{aligned}$$

denn der dritte Ausdruck entfällt wegen

$$\begin{aligned} E\{[\hat{\theta}_t - E(\hat{\theta}_t)][E(\hat{\theta}_t) - \theta]\} &= [E(\hat{\theta}_t) - \theta]\cdot E[\hat{\theta}_t - E(\hat{\theta}_t)] \\ &= [E(\hat{\theta}_t) - \theta]\cdot[E(\hat{\theta}_t) - E(\hat{\theta}_t)] \\ &= [E(\hat{\theta}_t) - \theta]\cdot 0 \\ &= 0, \end{aligned}$$

da der Ausdruck $[E(\hat{\theta}_t) - \theta]$ nur Konstanten enthält und somit vor den ersten Erwartungswert gezogen werden darf und der Rest den Faktor Null ergibt. Das Quadrat einer solchen Konstanten ist ebenfalls eine Konstante, der Erwartungswert einer Konstanten ist diese Konstante (Quadrat des bias).

Gilt $\lim_{t\to\infty} E[(\hat{\theta}_t - \theta)^2] = 0$, so bezeichnet man die Stichprobenschätzung $\hat{\theta}_t$ als konsistent (im quadratischen Mittel). Wegen der Beziehung (1.6.3) bedeutet dies, daß die Stichprobenschätzung $\hat{\theta}_t$ dann auch asymptotisch erwartungstreu ist und ihre Varianz asymptotisch gegen Null geht, denn in (1.6.3) sind beide Summanden (Varianz und Quadrat der Verzerrung) nichtnegativ.

Ist eine Stichprobenschätzung $\hat{\theta}_t$ asymptotisch erwartungstreu, so ist sie demnach nicht konsistent (im quadratischen Mittel), solange die Varianz $V(\hat{\theta}_t)$ mit wachsendem t nicht gegen Null geht (etwa gegen eine von Null verschiedene Konstante strebt).

Übungsaufgaben

1.1. Vergleichen Sie Stichproben mit Vollerhebungen.

1.2. Welche Arten von Stichproben kennen Sie, die nicht auf dem Zufallsprinzip beruhen (Beurteilungsstichproben)?

1.3. Vergleichen Sie Zufallsstichproben mit Beurteilungsstichproben.

1.4. Welche Beziehung besteht zwischen mean square error (MSE), Verzerrung und Varianz von Stichprobenschätzungen?

Weiterführende Literatur

Hansen-Hurwitz-Madow [1953I]

Deming [1957]

Menges [1959]

Deming [1960]

Statistisches Bundesamt [1960]

Kellerer [1963]

Kish [1965]

Yates [1965]

Bruckmann [1966]

Yamane [1967]

Raj [1968]

Stenger [1971]

Cochran [1972]

Raj [1972]

Menges-Skala [1973]
Schwarz [1975]
Smith [1976]
Sudman [1976]
Cassel-Särndal-Wretman [1977]
Jessen [1978]
Williams [1978]
Pokropp [1980]
Stenger [1980]
Statistisches Bundesamt [1981]
Krug-Nourney [1982]
Menges [1982]

2. Kapitel
Reine Zufallsmodelle

2.1. Allgemeines

Beurteilungsstichproben bieten, wie wir gesehen haben, keine Ansatzpunkte für die Wahrscheinlichkeitsrechnung. Wir wollen uns nun mit Zufallsstichproben auseinandersetzen, d.h. mit solchen Stichproben, die auf Wahrscheinlichkeitsmodelle zurückgreifen und für die sich somit Wahrscheinlichkeitsverteilungen bestimmen lassen.

Während in Beurteilungsstichproben die Auswahl der Erhebungseinheiten durch Erhebungsplaner und Interviewer ziemlich willkürlich erfolgt und jederzeit Einheiten, die nur mit Mühe zu erfassen sind, durch andere Einheiten ersetzt werden können, gelten in Zufallsstichproben strenge Regeln, die Deming ([1957], S. 10) wie folgt veranschaulicht:

"A probability-sample will send the interviewer through mud and cold, over long distances, up decrepit stairs, to people who do not welcome an interviewer; but such cases occur only in their correct proportions. Substitutions are not permitted: the rules are ruthless."

Nur wenn diese Regeln eingehalten werden, verdient eine Stichprobe den Namen Zufallsstichprobe, d.h. nur dann existiert für jede Einheit eine berechenbare Chance, erhoben zu werden. Zufallsstichproben lassen sich somit durch sogenannte Urnenmodelle veranschaulichen. Theoretisch kann man hierbei jeder Einheit der Grundgesamtheit eine bestimmte Kugel zuordnen, die dann gemeinsam mit anderen Kugeln in einen oder mehrere Behälter (die Urnen) gelegt werden. Nach gründlichem Durchmischen der Kugeln wird dann eine zu bestimmende Anzahl von Kugeln zufällig gezogen und entsprechen dann dem Ergebnis einer zufälligen Auswahl der Einheiten.

Wesentlich einfacher - insbesondere bei großen Grundgesamtheiten - erfolgt die Auswahl der Einheiten mittels tabellierter Zufallszahlen. Zunächst werden alle Einheiten der Grundgesamtheit fortlaufend numeriert (beginnend mit Null). Ist der Umfang N der Grundgesamtheit eine Zahl mit s Stellen, so sollte man eine s-stellige Zufallszahlentabelle verwenden. Verfügt man nur über eine Tabelle mit Zufallszahlen, die mehr als s Stellen aufweisen, so verwendet man dann von jeder Zufallszahl nur die ersten s Stellen. Im übrigen werden nur diejenigen Zufallszahlen berücksichtigt, die nicht größer als N sind. Für einen vorgegebenen Stichprobenumfang n wählt man zufällig eine Startzahl in der Tabelle aus und schreibt diese sowie alle (zeilen- bzw. manchmal auch spaltenweise) folgenden zulässigen s-stelligen Zufallszahlen auf, bis man n solcher Zufallszahlen beisammen hat.

In allen Zufallsmodellen ist darauf zu achten, welcher Ziehungsmechanismus vorliegt. Wird im Urnenmodell eine gezogene Kugel für die nächste Ziehung wieder in die Urne gelegt, so bezeichnet man dieses als "Ziehen mit Zurücklegen". In diesem Wahrscheinlichkeitsmodell, das wir im nächsten Abschnitt betrachten werden, sind die Auswahlwahrscheinlichkeiten in den einzelnen Ziehungen unverändert, da das Mischungsverhältnis der Urne erhalten bleibt.

Wird jedoch eine gezogene Kugel nicht wieder in die Urne gelegt, so verändern sich die Chancen der nachfolgenden Ziehungen. Man bezeichnet dieses Modell, das wir im übernächsten Abschnitt betrachten werden, als "Ziehen ohne Zurücklegen".

In diesem Buch sollen nur diese beiden Ziehungsmechanismen betrachtet werden. Die Möglichkeit zu einer Verallgemeinerung bietet der Ziehungsmechanismus der Pólyaverteilung, wobei die gezogene Kugel zusammen mit einer bestimmten Anzahl gleichfarbiger Kugeln in die Urne zurückgelegt wird (vgl. Leiner [1980], S. 146f).

Für die Ermittlung von Zufallszahlen mit Tabellen bedeutet Ziehen ohne Zurücklegen, daß man nur solche Zufallszahlen aufschreibt, die nicht schon zuvor ausgewählt wurden.

2.2. Die Binomialverteilung

Wir betrachten ein statistisches Merkmal, das nur zwei Modalitäten (Merkmalsausprägungen) annehmen kann. Zur Veranschaulichung dient eine Urne, die nur weiße und schwarze Kugeln enthält. Den Anteil der weißen Kugeln in der Urne bezeichnen wir mit P, den Anteil der schwarzen Kugeln mit Q. Wegen $P + Q = 1$ gilt $Q = 1 - P$. P heißt auch Bernoulliparameter.

Wenn eine weiße Kugel gezogen wird, sehen wir darin einen "Erfolg" und notieren eine 1. Wenn eine schwarze Kugel gezogen wird, sehen wir darin einen "Mißerfolg" und notieren eine 0. Das Ergebnis einer einzigen Ziehung kann als eine Zufallsvariable X angesehen werden, die nur die Werte 0 und 1 annehmen kann. Man bezeichnet eine solche Zufallsvariable als null-eins-verteilt. Wir wollen nun den Erwartungswert und die Varianz der Zufallsvariablen X bestimmen. Wegen einer ausführlicheren Betrachtung dieser Begriffe sei verwiesen auf Leiner [1980], 7. und 8. Kapitel. Die wichtigsten Regeln für das Arbeiten mit Erwartungswerten und Varianzen sind im vorliegenden Buch im Anhang AIII zusammengefaßt.

Als Erwartungswert unserer Zufallsvariablen X erhalten wir P, denn

$$(2.2.1) \qquad \begin{aligned} E(X) &= 0 \cdot W(X=0) + 1 \cdot W(X=1) \\ &= 0 \cdot Q + 1 \cdot P \\ &= P, \end{aligned}$$

wobei $W(X=0)$ die Wahrscheinlichkeit angibt, daß unsere Zufallsvariable den Wert Null annimmt (Mißerfolgswahrscheinlichkeit Q). Entsprechend gibt $W(X=1)$ die Wahrscheinlichkeit an, daß unsere Zufallsvariable den Wert Eins annimmt (Erfolgswahrscheinlichkeit P). In der Formel für die Bestimmung des Erwartungswerts werden also alle Werte, die die Zufallsvariable annehmen kann, mit ihren zugehörigen Wahrscheinlichkeiten gewichtet.

Als Varianz unserer Zufallsvariablen X erhalten wir den Wert $P \cdot Q$, denn es gilt

$$(2.2.2) \quad V(X) = E\{[X - E(X)]^2\} = E[(X - P)^2]$$
$$= (0 - P)^2 \cdot W(X=0) + (1 - P)^2 \cdot W(X=1)$$
$$= (0 - P)^2 \cdot Q + (1 - P)^2 \cdot P$$
$$= P^2 \cdot Q + Q^2 \cdot P$$
$$= P \cdot Q \cdot (P + Q)$$
$$= P \cdot Q,$$

wegen $P + Q = 1$.

Aus dieser Null-Eins-Verteilung der Zufallsvariablen X läßt sich die Binomialverteilung entwickeln. Zugrunde liegt der Ziehungsmechanismus "Ziehen mit Zurücklegen".

Aus unserer Urne mit einem Anteil P der weißen "Erfolgs"-Kugeln soll nun wiederholt gezogen werden, insgesamt n-mal. Wieder wird nach jeder Ziehung eine 1 notiert, wenn eine weiße Kugel gezogen wurde, bzw. eine 0 notiert, wenn eine schwarze Kugel gezogen wurde und stets die gezogene Kugel wieder in die Urne zurückgelegt. Jeder Ziehung ordnen wir jetzt eine Zufallsvariable X_i $(i = 1, \ldots, n)$ zu, wobei jede dieser Zufallsvariablen null-eins-verteilt ist. Da wir uns für "Ziehen mit Zurücklegen" entschieden haben, ist in jeder einzelnen Ziehung unverändert P die Erfolgswahrscheinlichkeit und Q die Mißerfolgswahrscheinlichkeit, so daß die Zufallsvariablen X_i darüberhinaus identisch null-eins-verteilt sind.

Mit der Summenvariablen

$$(2.2.3) \quad X = X_1 + X_2 + \ldots + X_n$$

gewinnen wir aus unseren n Zufallsvariablen X_i eine neue Zufallsvariable. Die Summenvariable X addiert alle notierten Einsen und gibt uns daher an, wieviele Erfolgskugeln in n Ziehungen festgestellt wurden. Unsere neue Zufallsvariable X mißt also die Anzahl der Erfolge in n Ziehungen. Die jeweils festgestellte Anzahl der Erfolge bezeichnen wir mit k $(0 \leq k \leq n)$, so daß unsere neue Zufallsvariable X den kleinsten Wert $k=0$ annimmt, wenn in n Versuchen kein einziger Erfolg realisiert wurde, bzw. den größten Wert $k=n$ annimmt, wenn alle Ziehungen zu Erfolgen führten. Die Wahrscheinlichkeit, daß die Zufallsvariable X einen bestimmten Wert k annimmt, läßt sich angeben mit (siehe auch Anhang AII)

$$(2.2.4) \quad W(X=k;\ n,\ P) = \binom{n}{k} \cdot P^k \cdot Q^{n-k} \qquad (Q = 1 - P).$$

Dies ist die Wahrscheinlichkeitsverteilung der Binomialverteilung. Formel (2.2.4) läßt sich bestätigen durch die Überlegung, daß in einer Serie von n unabhängigen Ziehungen zunächst k Erfolge und erst danach n-k Mißerfolge mit Wahrscheinlichkeit

$$(2.2.5) \quad \underbrace{P \cdot P \cdot \ldots \cdot P}_{k\text{-mal}} \cdot \underbrace{Q \cdot Q \cdot \ldots \cdot Q}_{(n-k)\text{-mal}} = P^k \cdot Q^{n-k}$$

auftreten. Wir bemerken, daß für unabhängige Zufallsvariablen die Wahrscheinlichkeit ihres gemeinsamen Auftretens gleich dem Produkt ihrer Einzelwahrscheinlichkeiten ist. Läßt man nun die Reihenfolge von Erfolgen und Mißerfolgen frei variieren, so gibt (2.2.5) immer noch die Wahrscheinlichkeit für k Erfolge (in beliebiger Anordnung) in n Versuchen an. Die Anzahl solcher Anordnungen, also die Anzahl der möglichen Reihenfolgen von k Erfolgen in n Versuchen, liefert uns der binomische Koeffizient $\binom{n}{k}$. Mit binomischen Koeffizienten und ihren Eigenschaften setzt sich Anhang AII auseinander. Wir stellen fest, daß aufgrund der allgemeineren Fragestellung die Wahrscheinlichkeit in (2.2.4) um das $\binom{n}{k}$-fache größer ist als die Wahrscheinlichkeit (2.2.5) des anfangs betrachteten Einzelfalles.

Für den Erwartungswert der binomialverteilten Summenvariablen X errechnen wir

$$\begin{aligned}(2.2.6) \quad E(X) &= E(X_1 + X_2 + \ldots + X_n) \\ &= E(X_1) + E(X_2) + \ldots + E(X_n) \\ &= P \quad + P \quad + \ldots + P \\ &= n \cdot P,\end{aligned}$$

denn alle Zufallsvariablen $X_i (i=1,\ldots,n)$ haben den gleichen Erwartungswert P.

Für die Varianz der binomialverteilten Summenvariablen X erhalten wir aufgrund der Unabhängigkeit der Ziehungen

$$(2.2.7) \quad \begin{aligned} V(X) &= V(X_1 + X_2 + \ldots + X_n) \\ &= V(X_1) + V(X_2) + \ldots + V(X_n) \\ &= P \cdot Q + P \cdot Q + \ldots + P \cdot Q \\ &= n \cdot P \cdot Q \ , \end{aligned}$$

denn alle Zufallsvariablen $X_i (i=1,\ldots,n)$ haben die gleiche Varianz $P \cdot Q$.

Wir betrachten nun die Zufallsvariable Y, die den relativen Anteil $\frac{k}{n}$ der Erfolge in n Ziehungen messen soll. Die Wahrscheinlichkeit für das Auftreten der Werte $\frac{k}{n}$ der Zufallsvariablen Y erhält man ebenfalls mit (2.2.4), also aus der Wahrscheinlichkeitsverteilung der Binomialverteilung, die uns die Wahrscheinlichkeit für das Auftreten dieser k Erfolge in n Versuchen vermittelt. Die Division der Zufallsvariablen durch die Konstante n verändert zwar nicht die zugehörige Wahrscheinlichkeit, hat jedoch Einfluß auf Erwartungswert und Varianz der neuen Zufallsvariablen Y. Mit den im Anhang AIII beschriebenen Rechenregeln für Erwartungswerte und Varianzen linear transformierter Variablen berechnen wir den Erwartungswert der Zufallsvariablen Y

$$(2.2.8) \quad E(Y) = E\left(\frac{X}{n}\right) = \frac{1}{n} \cdot E(X) = \frac{1}{n} \cdot n \cdot P = P$$

und die Varianz der Zufallsvariablen Y

$$(2.2.9) \quad V(Y) = V\left(\frac{X}{n}\right) = \frac{1}{n^2} \cdot V(X) = \frac{1}{n^2} \cdot n \cdot P \cdot Q = \frac{P \cdot Q}{n} \ .$$

Man bezeichnet den Wert

$$(2.2.10) \quad p = \frac{k}{n} \ ,$$

den die Zufallsvariable Y in der Stichprobe vom Umfang n annimmt, auch als Anteilschätzung. Mit diesem Wert von p aus der Stichprobe kann man somit den unbekannten Anteil P der Erfolge in der Grundgesamtheit schätzen. Da für die Zufallsvariable Y gilt

$$(2.2.11) \quad Y = \frac{X}{n} = \frac{X_1 + X_2 + \ldots + X_n}{n} = \bar{X},$$

ist p zugleich das Stichprobenmittel der notierten Erfolgszahlen X_i $(i=1,\ldots,n)$ der Einzelziehungen.

In der statistischen Praxis verwendet man zumeist nicht das Ziehungsschema "Ziehen mit Zurücklegen" der Binomialverteilung, da Personen Fragen nicht gern mehrmals beantworten, bei der Prüfung zerstörte Gegenstände nicht nochmals geprüft werden können bzw. mehrfache Messungen desselben Objekts keine neuen Einsichten ergeben. Wir betrachten daher im folgenden Abschnitt einen anderen Verteilungstyp, der für solche Situationen besser geeignet ist.

2.3. Die hypergeometrische Verteilung

Wieder soll ein statistisches Merkmal betrachtet werden, das nur zwei Modalitäten annehmen kann. Allerdings verwenden wir in unserer Urne, in der weiße und schwarze Kugeln liegen, jetzt den Ziehungsmechanismus "Ziehen ohne Zurücklegen". Durch fortwährendes Herausnehmen von Kugeln aus der Urne verändern sich natürlich mit jeder Ziehung Umfang und Zusammensetzung des Inhalts unserer Urne.

Vor Beginn der Ziehungen seien

N = Anzahl der Kugeln in der Urne (Umfang der Grundgesamtheit),
K = Anzahl der weißen Kugeln in der Urne (Anzahl der Erfolgs-Einheiten in der Grundgesamtheit) und
N-K = Anzahl der schwarzen Kugeln in der Urne (Anzahl der Mißerfolgs-Einheiten in der Grundgesamtheit).

Insgesamt wollen wir n Kugeln aus der Urne entnehmen. Es gilt dann für die Stichprobe, die aus diesen Kugeln besteht, sinngemäß im Vergleich zur Grundgesamtheit folgende Notation:

n = Anzahl der gezogenen Kugeln (Stichprobenumfang),

k = Anzahl der gezogenen weißen Kugeln (Anzahl der Erfolgs-Einheiten in der Stichprobe) und

n-k = Anzahl der gezogenen schwarzen Kugeln (Anzahl der Mißerfolgs-Einheiten in der Stichprobe).

Ist n=N, so haben wir die Urne ausgeschöpft. Für den Stichprobenumfang gilt also beim Ziehen ohne Zurücklegen $n \leq N$. Für die Anzahl der gezogenen weißen Kugeln gilt wieder $0 \leq k \leq n$.

Es gibt nun $\binom{N}{n}$ Möglichkeiten, aus einer Grundgesamtheit vom Umfang N eine Stichprobe vom Umfang n ohne Zurücklegen zu ziehen. Wir interessieren uns für eine Stichprobe vom Umfang n, die eine bestimmte Anzahl k von Erfolgen (und demnach n-k Mißerfolge) aufweist. Die k Erfolge der Stichprobe rekrutieren sich aus K Erfolgen der Grundgesamtheit. Die n-k Mißerfolge rekrutieren sich aus N-K Mißerfolgen der Grundgesamtheit. Da es beim Ziehen ohne Zurücklegen $\binom{K}{k}$ Möglichkeiten zur Auswahl der Erfolge und unabhängig davon $\binom{N-K}{n-k}$ Möglichkeiten zur Auswahl der Mißerfolge gibt, bestehen insgesamt $\binom{K}{k} \cdot \binom{N-K}{n-k}$ Möglichkeiten zur Zusammenstellung solcher Stichproben, die genau aus k Erfolgen und n-k Mißerfolgen zusammengesetzt sind. Wenn wir diese Möglichkeiten in Relation setzen zu den Möglichkeiten, überhaupt eine Stichprobe vom Umfang n nach diesem Ziehungsschema zu bilden, erhalten wir

$$W(X=k;\ n,\ N,\ K) = \frac{\binom{K}{k} \cdot \binom{N-K}{n-k}}{\binom{N}{n}}, \tag{2.3.1}$$

da die Zufallsvariable X wie beim Ziehen mit Zurücklegen die Anzahl der Erfolge messen kann. Dies ist die Wahrscheinlichkeit des Ziehens (ohne Zurücklegen) von k Erfolgs-Einheiten in einer Stichprobe vom Umfang n aus einer Grundgesamtheit vom Umfang N mit K Erfolgs-Einheiten. (2.3.1) ist die Wahrscheinlichkeitsverteilung der hypergeometrischen Verteilung mit den Verteilungsparametern n, N und K.

Ähnlich der Gewinnung der Binomialverteilung läßt sich (2.3.1) auch herleiten durch die Überlegung, mit welcher Wahrscheinlichkeit zunächst k Erfolge und dann n-k Mißerfolge realisiert werden (vgl. Leiner [1980], S. 142-144).

Da für die Wahrscheinlichkeitsverteilung (2.3.1) wie für jede Wahrscheinlichkeitsverteilung gilt (siehe Anhang AI)

$$(2.3.2) \qquad \sum_{k=0}^{n} W(X=k) = 1,$$

d.h. die Zufallsvariable X mit Sicherheit einen der Realisationswerte annehmen muß, folgt aus

$$(2.3.3) \qquad 1 = \sum_{k=0}^{n} \frac{\binom{K}{k}\binom{N-K}{n-k}}{\binom{N}{n}} = \frac{1}{\binom{N}{n}} \sum_{k=0}^{n} \binom{K}{k}\binom{N-K}{n-k},$$

daß

$$(2.3.4) \qquad \binom{N}{n} = \sum_{k=0}^{n} \binom{K}{k}\binom{N-K}{n-k}.$$

Diese Erkenntnis nutzen wir zur Berechnung des Erwartungswerts der Zufallsvariablen X der hypergeometrischen Verteilung. Es gilt nämlich

$$(2.3.5) \qquad E(X) = \sum_{k=0}^{n} k \cdot W(X=k) = \sum_{k=0}^{n} k \cdot \frac{\binom{K}{k}\binom{N-K}{n-k}}{\binom{N}{n}}$$

$$= \frac{1}{\binom{N}{n}} \sum_{k=1}^{n} \frac{k \cdot K!}{k!\,(K-k)!} \binom{N-K}{n-k} \quad \text{(Faktor k=0 entfällt)}$$

$$= \frac{K}{\binom{N}{n}} \sum_{k=1}^{n} \frac{(K-1)!}{(k-1)!\,(K-k)!} \binom{N-K}{n-k} \quad \text{(k gekürzt)}$$

$$= \frac{K}{\binom{N}{n}} \sum_{k-1=0}^{n-1} \binom{K-1}{k-1} \binom{(N-1)-(K-1)}{(n-1)-(k-1)} \quad \text{(Substitution)}$$

$$= \frac{K}{\binom{N}{n}} \sum_{k^*=0}^{n^*} \binom{K^*}{k^*}\binom{N^*-K^*}{n^*-k^*} \quad \text{(und wegen (2.3.4))}$$

$$= \frac{K}{\binom{N}{n}} \cdot \binom{N^*}{n^*} = \frac{K}{\binom{N}{n}} \cdot \binom{N-1}{n-1} = K \cdot \frac{(N-1)!\,n!\,(N-n)!}{(n-1)!\,(N-n)!\,N!} = n \cdot \frac{K}{N},$$

wobei die Substitutionen $N^*=N-1$, $n^*=n-1$, $K^*=K-1$ und $k^*=k-1$ verwendet wurden. Man beachte auch, daß die Substitution der Summationsgrenzen (von k=1 bis k=n zu: von k-1=0 bis k-1=n-1) lediglich eine algebraische Umformung ist, die Anzahl und Wert der Summanden unberührt läßt.

Setzt man das Mischungsverhältnis $\frac{K}{N}$ der Urne vor der ersten Ziehung gleich dem Bernoulliparameter P, so läßt sich durch Vergleich von (2.3.5) mit (2.2.6) eine Übereinstimmung der Erwartungswerte von hypergeometrischer Verteilung und Binomialverteilung feststellen.

Zur Betrachtung der Varianz der hypergeometrischen Verteilung verwenden wir die Zerlegungsregel für Varianzen, wonach gilt

$$(2.3.6) \qquad \begin{aligned} V(X) &= E\{[X - E(X)]^2\} \\ &= E\{X^2 - 2X \cdot E(X) + [E(X)]^2\} \\ &= E(X^2) - 2\,E(X) \cdot E(X) + [E(X)]^2 \\ &= E(X^2) - [E(X)]^2, \end{aligned}$$

d.h. jede Varianz ist die Differenz zwischen dem zweiten gewöhnlichen Moment (Erwartungswert des Quadrats der Zufallsvariablen) und dem Quadrat des Erwartungswerts (Quadrat des ersten gewöhnlichen Moments).

Da wir in (2.3.5) schon das erste gewöhnliche Moment E(X) berechnet haben, benötigen wir noch das zweite gewöhnliche Moment $E(X^2)$, dessen Entwicklung etwas komplizierter ist (vgl. hierzu Schaich-Köhle-Schweitzer-Wegner [1974], S. 111-112). Für das zweite gewöhnliche Moment der hypergeometrischen Verteilung gilt nämlich

$$\begin{aligned} E(X^2) &= \sum_{k=0}^{n} k^2 \cdot W(X=k) \\ &= \sum_{k=0}^{n} k^2 \cdot \frac{\binom{K}{k}\binom{N-K}{n-k}}{\binom{N}{n}}, \end{aligned}$$

was wir weiterentwickeln können zu

$$(2.3.7)\qquad E(X^2) = \frac{1}{\binom{N}{n}} \sum_{k=1}^{n} k^2 \cdot \binom{K}{k}\binom{N-K}{n-k}$$

$$= \frac{1}{\binom{N}{n}} \sum_{k=1}^{n} k\cdot(k-1)\binom{K}{k}\binom{N-K}{n-k}$$

$$+ \sum_{k=0}^{n} k\cdot\frac{\binom{K}{k}\binom{N-K}{n-k}}{\binom{N}{n}} \; .$$

Die zweite Summe ist identisch mit (2.3.5), so daß wir für sie $E(X) = n\cdot\frac{K}{N}$ setzen dürfen. Die erste Summe läßt sich umformen zu

$$\sum_{k=2}^{n} \frac{k\cdot(k-1)\cdot K!}{k!(K-k)!}\binom{N-K}{n-k} = K\cdot(K-1)\sum_{k-2=0}^{n-2}\frac{(K-2)!}{(k-2)!(K-k)!}\binom{N-K}{n-k}$$

$$= K\cdot(K-1)\sum_{k^{**}=0}^{n^{**}}\binom{K^{**}}{k^{**}}\binom{N^{**}-K^{**}}{n^{**}-k^{**}} \; ,$$

da für k=1 mit k-1=0 als Faktor der erste Summand entfällt und die Substitutionen $N^{**} = N-2$, $n^{**} = n-2$, $K^{**} = K-2$ und $k^{**} = k-2$ verwendet wurden. Wieder nutzen wir (2.3.4) und erhalten somit insgesamt für (2.3.7)

$$(2.3.8)\qquad E(X^2) = \frac{K\cdot(K-1)}{\binom{N}{n}}\cdot\binom{N^{**}}{n^{**}} + n\cdot\frac{K}{N}$$

$$= \frac{K\cdot(K-1)}{\binom{N}{n}}\cdot\binom{N-2}{n-2} + n\cdot\frac{K}{N}$$

$$= K\cdot(K-1)\cdot\frac{n!(N-n)!(N-2)!}{N!(n-2)!(N-n)!} + n\cdot\frac{K}{N}$$

$$= K\cdot(K-1)\cdot\frac{n\cdot(n-1)}{N\cdot(N-1)} + n\cdot\frac{K}{N}$$

$$= n\cdot\frac{K}{N}\cdot\left[\frac{(K-1)\cdot(n-1)}{N-1} + 1\right]$$

$$= n\cdot\frac{K}{N}\cdot\frac{nK-K-n+N}{N-1} \; .$$

Einsetzen von (2.3.8) und (2.3.5) in (2.3.6) ergibt für die Varianz der hypergeometrischen Verteilung

$$(2.3.9) \quad V(X) = n\cdot\frac{K}{N}\cdot\frac{nK-K-n+N}{N-1} - (n\cdot\frac{K}{N})^2$$

$$= n\cdot\frac{K}{N}\cdot(\frac{nK-K-n+N}{N-1} - n\cdot\frac{K}{N})$$

$$= n\cdot\frac{K}{N}\cdot\frac{nKN-KN-nN+N^2-nKN+nK}{N\cdot(N-1)}$$

$$= n\cdot\frac{K}{N}\cdot\frac{N-K}{N}\cdot\frac{N-n}{N-1} .$$

Bezeichnet man mit $P = \frac{K}{N}$ den Anteil der Erfolge in der Grundgesamtheit vor der ersten Ziehung und entsprechend mit $Q = 1 - P = \frac{N-K}{N}$ den Anteil der Mißerfolge in der Grundgesamtheit vor der ersten Ziehung, so läßt sich für (2.3.9) schreiben

$$(2.3.10) \quad V(X) = n\cdot P\cdot Q\cdot\frac{N-n}{N-1} .$$

Vergleicht man dies mit der Varianz der Binomialverteilung (Gleichung (2.2.7)), so erkennt man, daß sich die Varianz der hypergeometrischen Verteilung von dieser um den Faktor $\frac{N-n}{N-1}$ unterscheidet. Mit dieser Größe, die auch als Korrekturfaktor bezeichnet wird, ist somit die Varianz der Binomialverteilung zu multiplizieren, um die Varianz der hypergeometrischen Verteilung zu erhalten.

Als angenäherten Wert für den Korrekturfaktor $\frac{N-n}{N-1}$ verwendet man oft

$$(2.3.11) \quad \frac{N-n}{N} = 1 - \frac{n}{N} = 1 - f,$$

wobei

$$(2.3.12) \quad f = \frac{n}{N}$$

als Auswahlsatz bezeichnet wird und angibt, welcher Teil der Einheiten der Grundgesamtheit in die Stichprobe gelangt. Für kleine Werte von f nähert sich der Korrekturfaktor dem Faktorwert Eins und kann dann vernachlässigt werden. Der Korrekturfaktor ist somit für relativ (im Verhältnis zur Grundgesamtheit) große Stichproben zu berücksichtigen, wenn man wegen der leichteren Rechenbarkeit mit der Binomialverteilung arbeitet, obwohl das Ziehungsschema "Ohne Zurücklegen" dem praktischen Problem angemessener wäre. Die vorgeführten Herleitungen unterstreichen die Notwendigkeit solcher Varianzkorrekturen, von denen die Erwartungswerte nicht betroffen sind.

2.4. Stichprobenmittel, Anteile und Hochrechnungen

Bisher haben wir mathematische Verteilungsmodelle von Grundgesamtheiten betrachtet, d.h. wir gingen von bekannten Grundgesamtheiten aus. Wir wollen uns jetzt in die praxisnähere Situation versetzen, daß diese Grundgesamtheit und ihre Parameter unbekannt sind und letztere aufgrund von Stichprobeninformationen geschätzt werden sollen.

Die Fülle der Details, die in solchen Situationen zu beachten sind, um zum geeigneten Schätzwert zu gelangen, läßt es als zweckmäßig erscheinen, die unmittelbar folgenden grundsätzlichen Betrachtungen in die Form einfacher mathematischer Sätze und zugehöriger Beweise überzuführen. Auf dieser Basis kann der Leser später in komplizierteren Modellen leichter den Weg zur zugrundeliegenden einfachen Modellvariante zurückverfolgen.

Wir beginnen mit der Betrachtung einiger erwartungstreuer Schätzungen.

Satz 2.4.1: Das Stichprobenmittel

$$\bar{x} = \frac{1}{n} \sum_{i=1}^{n} x_i \tag{2.4.1}$$

aus den Stichprobenwerten (Realisationen, Merkmalswerten) $x_1, \ldots, x_n$ ist in reinen Zufallsstichproben eine erwartungstreue Schätzung des Mittelwerts der Grundgesamtheit

$$\mu = \frac{1}{N} \sum_{i=1}^{N} X_i \ . \tag{2.4.2}$$

Beweis: In einer reinen Zufallsstichprobe aus einer Grundgesamtheit gilt für die Realisationen $x_1, \ldots, x_n$ der zugehörigen Zufallsvariablen $X_1, \ldots, X_n$ der Grundgesamtheit mit $E(X_i) = \mu$ für alle Zufallsvariablen X_i, $i=1,\ldots,N$ dieser Grundgesamtheit

$$(2.4.3) \qquad E(\bar{x}) = E\left(\frac{1}{n}\sum_{i=1}^{n} X_i\right) = \frac{1}{n} E\left(\sum_{i=1}^{n} X_i\right) = \frac{1}{n}\sum_{i=1}^{n} E(X_i)$$

$$= \frac{1}{n}\sum_{i=1}^{n} \mu = \frac{1}{n}\cdot n\cdot\mu = \mu ,$$

da der Erwartungsoperator E und die Summe Σ lineare Operatoren sind, die vertauscht werden dürfen. Der Erwartungswert einer Summe ist also gleich der Summe der Erwartungswerte. Diese Erwartungswerte sind aber alle annahmegemäß gleich der Konstanten μ, die somit n-mal zu summieren ist.

Satz 2.4.2: Die relative Anzahl der Erfolge p $(= \frac{k}{n})$ in der Stichprobe ist in reinen Zufallsstichproben eine erwartungstreue Schätzung der relativen Anzahl der Erfolge P $(= \frac{K}{N})$ in der Grundgesamtheit.

Beweis: Wir beweisen zunächst, daß unter der obigen Voraussetzung, nämlich $E(X_i) = \mu$ für alle X_i, $i=1,\ldots,N$, gilt

$$E(k) = \frac{n}{N}\cdot K .$$

Wir erhalten nämlich als Erwartungswert der Summenvariablen $x = \sum_{i=1}^{n} x_i = k$ der Anzahl der Erfolge in der Stichprobe

$$(2.4.4) \qquad E(x) = E(k) = E\left(\sum_{i=1}^{n} X_i\right) = \sum_{i=1}^{n} E(X_i) = \sum_{i=1}^{n} \mu = n\cdot\mu$$

$$= n\cdot\frac{1}{N}\sum_{i=1}^{N} X_i = \frac{n}{N}\cdot K ,$$

da die Summenvariable $X = \sum_{i=1}^{N} X_i = K$ die Anzahl der Erfolge in der Grundgesamtheit mißt.

Nach den Rechenregeln für Erwartungswerte gilt nun für den Erwartungswert der mit der Konstanten n linear homogen transformierten Zufallsvariablen $\frac{x}{n}$

(2.4.5) $$E(p) = E(\frac{x}{n}) = E(\frac{k}{n}) = \frac{1}{n} E(x) = \frac{1}{n} \cdot \frac{n}{N} \cdot K = \frac{K}{N} = P .$$

Satz 2.4.3: Die Hochrechnung $\hat{X} = N \cdot \bar{x}$ ist eine erwartungstreue Schätzung der Summe $X = X_1 + \ldots + X_N$ der Merkmalswerte in der Grundgesamtheit.

Beweis: Für den Erwartungswert der Hochrechnung gilt wegen Satz 2.4.1

(2.4.6) $$E(\hat{X}) = E(N \cdot \bar{x}) = N \cdot E(\bar{x}) = N \cdot \mu = N \cdot \frac{1}{N} \sum_{i=1}^{N} X_i = \sum_{i=1}^{N} X_i = X .$$

Satz 2.4.4: Die Hochrechnung N·p ist eine erwartungstreue Schätzung der Anzahl N·P der Erfolgseinheiten in der Grundgesamtheit.

Beweis: Mit (2.4.5) erhalten wir

(2.4.7) $$E(N \cdot p) = N \cdot E(p) = N \cdot P .$$

2.5. Varianzschätzungen im reinen Zufallsmodell

2.5.1. Heterograder Fall

Im heterograden Fall werden die absoluten Häufigkeiten quantitativer Merkmale untersucht (vgl. zur Abgrenzung des heterograden Falles vom homograden Fall Blind [1969], S. 73).

Satz 2.5.1: Für identisch und unabhängig verteilte Zufallsvariablen mit Erwartungswert μ und Varianz σ^2 gilt für die Varianz des Stichprobenmittels

(2.5.1) $$V(\bar{x}) = \frac{\sigma^2}{n} .$$

Beweis: $$V(\bar{x}) = V(\frac{1}{n}\sum_{i=1}^{n} x_i) = \frac{1}{n^2} V(\sum_{i=1}^{n} x_i) \underset{u.a.}{=} \frac{1}{n^2}\sum_{i=1}^{n} V(x_i)$$

$$= \frac{1}{n^2}\sum_{i=1}^{n} \sigma^2 = \frac{1}{n^2}\cdot n\cdot\sigma^2 = \frac{\sigma^2}{n} ,$$

da alle Variablen x_1 , ..., x_n der Stichprobe die gemeinsame Varianz σ^2 besitzen. Die Abkürzung u.a. unter einer Gleichung bedeutet, daß diese Gleichung nur bei Unabhängigkeit der betrachteten Zufallsvariablen gilt. Im übrigen ist zu bemerken, daß nur die Zufallsvariablen des Ziehungsschemas "Ziehen mit Zurücklegen" identisch und unabhängig verteilt sind.

Satz 2.5.2: Für die Varianz der Hochrechnung $\hat{X} = N\cdot\bar{x}$ mittels identisch und unabhängig verteilter Zufallsvariablen gilt

$$(2.5.2) \qquad V(\hat{X}) = N^2\cdot\frac{\sigma^2}{n} .$$

Beweis: Für die Varianz der Hochrechnung erhält man mit (2.5.1)

$$V(\hat{X}) = V(N\cdot\bar{x}) = N^2\cdot V(\bar{x}) = N^2\cdot\frac{\sigma^2}{n} .$$

Satz 2.5.3: Im Ziehungsschema "Ziehen ohne Zurücklegen" gilt für die Varianz des Stichprobenmittels

$$(2.5.3) \qquad V(\bar{x}) = \frac{\sigma^2}{n}\cdot\frac{N-n}{N-1} .$$

Beweis: Mit der hypergeometrischen Verteilung erhalten wir aus (2.3.9) und (2.3.10) die Varianz der Zufallsvariablen in der Grundgesamtheit

$$(2.5.4) \qquad V(X_i) = n\cdot\frac{K}{N}\cdot\frac{N-K}{N}\cdot\frac{N-n}{N-1} \qquad \text{für } i = 1, \ldots, N$$

$$= n\cdot P\cdot Q\cdot\frac{N-n}{N-1}$$

$$= \sigma^2\cdot\frac{N-n}{N-1} ,$$

wenn wir wieder mit $P=\frac{K}{N}$ den Anteil der "Erfolge" in der Grundgesamtheit vor der ersten Ziehung bezeichnen. σ^2 entspricht dann der Varianz der Binomialverteilung. Dies ist zugleich die Varianz der Stichprobeneinheiten x_i, die sich aus der Grundgesamtheit rekrutieren. Substituieren von

$$(2.5.5) \qquad V(x_i) = \sigma^2 \cdot \frac{N-n}{N-1} \qquad \text{mit } i=1,\dots,n$$

für σ^2 im Beweis von (2.5.1) liefert das gewünschte Ergebnis.

Satz 2.5.4: Im Ziehungsschema "Ziehen ohne Zurücklegen" hat die Hochrechnung $\hat{X} = N \cdot \bar{x}$ die Varianz

$$(2.5.6) \qquad V(\hat{X}) = N^2 \cdot \frac{\sigma^2}{n} \cdot \frac{N-n}{N-1},$$

was man mit $\frac{N \cdot (N-n)}{n} \cdot \sigma^2 = (\frac{N^2}{n} - N) \cdot \sigma^2$ abschätzen kann.

Beweis: Mit (2.5.3) erhalten wir

$$V(\hat{X}) = V(N \cdot \bar{x}) = N^2 \cdot \frac{\sigma^2}{n} \cdot \frac{N-n}{N-1}.$$

Die Abschätzung ergibt sich durch die Substitution N für N-1.

2.5.2. Homograder Fall

Im homograden Fall untersucht man relative Häufigkeiten. Dieser Fall eignet sich besonders für qualitative Merkmale, wenn der Anteil der Einheiten mit einer bestimmten, nicht numerisch bestimmbaren Eigenschaft angegeben werden soll, z.B. der Anteil der rothaarigen Personen in einer Vorlesung oder der Anteil derjenigen Dorfbewohner, die einen Videorecorder besitzen. Wie wir mit Satz 2.4.2 gesehen haben, schätzt man den unbekannten Anteil P der Grundgesamtheit in der Stichprobe erwartungstreu mit p.

Satz 2.5.5: Im Ziehungsschema "Ziehen mit Zurücklegen" gilt für die Varianz von p

$$(2.5.7) \qquad V(p) = \frac{P \cdot Q}{n}.$$

Beweis: Siehe (2.2.9), wo die Zufallsvariable Y gerade die relative Anzahl $p = \frac{k}{n} = \frac{X}{n}$ der Erfolge mißt.

In Satz 2.4.4 hatten wir den Erwartungswert der Hochrechnung $N \cdot p$ berechnet, deren Varianz wir jetzt betrachten.

<u>Satz 2.5.6:</u> Im Ziehungsschema "Ziehen mit Zurücklegen" gilt für die Varianz der Hochrechnung $N \cdot p$

$$(2.5.8) \qquad V(N \cdot p) = N^2 \cdot \frac{P \cdot Q}{n} .$$

<u>Beweis:</u> $V(N \cdot p) = N^2 \cdot V(p)$. Einsetzen von (2.5.7) ergibt (2.5.8).

Entsprechende Aussagen lassen sich für das Ziehungsschema "Ziehen ohne Zurücklegen" treffen:

<u>Satz 2.5.7:</u> Im Ziehungsschema "Ziehen ohne Zurücklegen" gilt für die Varianz von p

$$(2.5.9) \qquad V(p) = \frac{P \cdot Q}{n} \cdot \frac{N-n}{N-1} .$$

<u>Beweis:</u> In (2.3.10) wird die Varianz der Zufallsvariablen X betrachtet, die in diesem Ziehungsschema die Anzahl k der Erfolge mißt. Da $p = \frac{k}{n} = \frac{X}{n}$, gilt

$$V(p) = \frac{1}{n^2} \cdot V(k) = \frac{1}{n^2} \cdot V(X) = \frac{1}{n^2} \cdot n \cdot P \cdot Q \cdot \frac{N-n}{N-1} = \frac{P \cdot Q}{n} \cdot \frac{N-n}{N-1} .$$

<u>Satz 2.5.8:</u> Im Ziehungsschema "Ziehen ohne Zurücklegen" gilt für die Varianz der Hochrechnung $N \cdot p$

$$(2.5.10) \qquad V(N \cdot p) = N^2 \cdot \frac{P \cdot Q}{n} \cdot \frac{N-n}{N-1} ,$$

was sich abschätzen läßt durch $\frac{N \cdot (N-n) \cdot P \cdot Q}{n}$.

<u>Beweis:</u> Für die Varianz der Lineartransformation $N \cdot p$ gilt

$$V(N \cdot p) = N^2 \cdot V(p) ,$$

so daß (2.5.9) verwendet werden kann. Die Abschätzung ergibt sich wieder, indem man N-1 durch N substituiert.

2.5.3. Die modifizierte Stichprobenvarianz

Im heterograden Fall könnte man als Schätzung der unbekannten Varianz $V(X_i) = \sigma^2$, $i=1,\ldots,N$ der Einheiten der Grundgesamtheit die Stichprobenvarianz

$$(2.5.11) \quad s^2 = \frac{1}{n} \sum_{i=1}^{n} (x_i - \bar{x})^2 \qquad \text{mit } \bar{x} = \frac{1}{n} \sum_{i=1}^{n} x_i$$

verwenden. Es stellt sich jedoch heraus, daß dies keine erwartungstreue Schätzung von σ^2 ist.

Satz 2.5.9: Für identisch und unabhängig verteilte Zufallsvariablen ergibt der Erwartungswert der Stichprobenvarianz

$$(2.5.12) \quad E(s^2) = \frac{n-1}{n} \cdot \sigma^2 \ .$$

Beweis: Wir entwickeln mit Gleichung (2.5.11) für identisch und unabhängig verteilte Zufallsvariablen mit Erwartungswert $E(x_i) = \mu$ und zweitem gewöhnlichen Moment $E(x_i^2) = \mu_2$ (vgl. hierzu Leiner [1980], S. 188), $i = 1, \ldots, n$,

$$\begin{aligned} E(s^2) &= E[\frac{1}{n} \sum_{i=1}^{n} (x_i - \bar{x})^2] \\ &= E\{\frac{1}{n} \sum_{i=1}^{n} [x_i^2 - 2x_i\bar{x} + (\bar{x})^2]\} \\ &= E[\frac{1}{n} \sum_{i=1}^{n} x_i^2 - 2\bar{x} \cdot \frac{1}{n} \sum_{i=1}^{n} x_i + \frac{1}{n} \sum_{i=1}^{n} (\bar{x})^2] \\ &= E[\frac{1}{n} \sum_{i=1}^{n} x_i^2 - 2(\bar{x})^2 + (\bar{x})^2] \\ &= E(\frac{1}{n} \sum_{i=1}^{n} x_i^2) - E[(\bar{x})^2]. \end{aligned}$$

Einerseits gilt nun

$$E(\frac{1}{n} \sum_{i=1}^{n} x_i^2) = \frac{1}{n} \sum_{i=1}^{n} E(x_i^2) = \frac{1}{n} \sum_{i=1}^{n} \mu_2 = \frac{1}{n} \cdot n \cdot \mu_2 = \mu_2 \ ,$$

andererseits ergibt der Erwartungswert des quadrierten Stichprobenmittels unter den getroffenen Annahmen

$$E[(\bar{x})^2] = E[(\frac{1}{n}\sum_{i=1}^{n} x_i)\cdot(\frac{1}{n}\sum_{j=1}^{n} x_j)]$$

$$= \frac{1}{n^2} E(\sum_{i=1}^{n} x_i \sum_{j=1}^{n} x_j)$$

$$= \frac{1}{n^2} E(\sum_{i=1}^{n}\sum_{j=1}^{n} x_i\cdot x_j)$$

$$= \frac{1}{n^2}\sum_{i=1}^{n}\sum_{j=1}^{n} E(x_i\cdot x_j) \quad .$$

Für n der Summanden ist i=j und damit $E(x_i\cdot x_j) = E(x_i^2) = \mu_2$. Für die restlichen n^2-n Summanden der Doppelsumme ist $i\neq j$ und aufgrund der angenommenen Unabhängigkeit $E(x_i\cdot x_j) = E(x_i)\cdot E(x_j) = \mu\cdot\mu = \mu^2$. Somit gilt weiter

$$E[(\bar{x})^2] = \frac{1}{n^2}\cdot[n\cdot\mu_2 + (n^2-n)\cdot\mu^2]$$

$$= \frac{\mu_2}{n} + \frac{n-1}{n}\cdot\mu^2 \quad .$$

Aufgrund dieser Ergebnisse erhalten wir insgesamt

$$E(s^2) = \mu_2 - (\frac{\mu_2}{n} + \frac{n-1}{n}\cdot\mu^2)$$

$$= \frac{n-1}{n}\cdot(\mu_2 - \mu^2)$$

$$= \frac{n-1}{n}\cdot\sigma^2 \quad ,$$

denn $\sigma^2 = \mu_2 - \mu^2$ ist eine äquivalente Fassung der Zerlegungsregel für Varianzen (2.3.6). Damit ist (2.5.12) bewiesen, d.h. wir haben gezeigt, daß die Stichprobenvarianz s^2 die Varianz σ^2 der Grundgesamtheit systematisch unterschätzt. Da man für (2.5.12) auch schreiben kann $E(s^2) = \sigma^2 - \frac{\sigma^2}{n}$, beträgt die Verzerrung (bias) $b_{s^2} = -\frac{\sigma^2}{n}$. Wir erkennen, daß diese Verzerrung mit großen Stichprobenumfängen n verschwindet, so daß die Stichprobenvarianz s^2 wenigstens asymptotisch erwartungstreu ist. Für kleine Stichproben empfiehlt sich eine Modifikation der Stichprobenvarianz.

Satz 2.5.10: Die modifizierte Stichprobenvarianz

$$(2.5.13)\quad \tilde{s}^2 = \frac{1}{n-1} \sum_{i=1}^{n} (x_i - \bar{x})^2$$

ist für identisch und unabhängig verteilte Zufallsvariablen eine erwartungstreue Schätzung der Varianz σ^2 der Grundgesamtheit.

Beweis: Durch Vergleich mit (2.5.11) erkennen wir, daß $\tilde{s}^2 = \frac{n}{n-1} \cdot s^2$ und damit

$$E(\tilde{s}^2) = E(\frac{n}{n-1} \cdot s^2) = \frac{n}{n-1} \cdot E(s^2) = \frac{n}{n-1} \cdot \frac{n-1}{n} \cdot \sigma^2 = \sigma^2 ,$$

wobei wir auf (2.5.12) zurückgreifen konnten.

Wir bemerken, daß in (2.5.13) nicht wie in (2.5.11) durch die Anzahl n der Beobachtungen der Stichprobe geteilt wurde. Stattdessen wird mit der Anzahl der Freiheitsgrade dividiert, die in diesem Falle um 1 kleiner ist als die Anzahl der Beobachtungen. Es sind nämlich nur noch n-1 Beobachtungen unabhängig voneinander, wenn man zunächst den Mittelwert $\bar{x}$ und damit dann die Varianz berechnet. Kennt man nämlich n-1 Beobachtungen und den aus n Beobachtungen gebildeten Mittelwert $\bar{x}$, so kann man den n-ten Beobachtungswert ermitteln mit

$$x_n = n \cdot \bar{x} - \sum_{i=1}^{n-1} x_i .$$

Man kann dies auch so veranschaulichen: Mit der Schätzung des unbekannten Parameters μ durch $\bar{x}$ wird für die nachfolgende Schätzung der Varianz ein Freiheitsgrad verloren.

In den seltenen Fällen, in denen man bereits μ kennt, nicht jedoch die Varianz σ^2, schätzt man letztere (ohne $\bar{x}$ zu verwenden) mit

$$(2.5.14)\quad \hat{s}^2 = \frac{1}{n} \sum_{i=1}^{n} (x_i - \mu)^2 ,$$

erwartungstreu, da dann (und nur dann) die Anzahl der Freiheitsgrade tatsächlich gleich n ist.

2.5.4. Erwartungstreue Varianzschätzungen

Die in den Abschnitten 2.5.1 und 2.5.2 vorgestellten Varianzen waren die Varianzen der Grundgesamtheiten. In der Praxis sucht man aufgrund der Stichprobeninformationen, die auf die Beobachtungswerte $x_1, \ldots, x_n$ und den daraus berechneten Stichprobenmittelwert $\bar{x}$ zurückgreifen, erwartungstreue Schätzungen der unbekannten Varianzen der Grundgesamtheit. Aufbauend auf den Betrachtungen zur modifizierten Stichprobenvarianz wollen wir für das reine Zufallsmodell in den vier betrachteten Varianten erwartungstreue Varianzschätzungen bestimmen.

(1) Heterograder Fall (Ziehen mit Zurücklegen)

Die in (2.5.1) angegebene Varianz des Stichprobenmittels schätzt man erwartungstreu mit

$$(2.5.15) \quad \hat{V}(\bar{x}) = \frac{\tilde{s}^2}{n} = \frac{1}{n\cdot(n-1)} \sum_{i=1}^{n} (x_i-\bar{x})^2 .$$

Daß dies eine erwartungstreue Schätzung von $V(\bar{x})$ ist, erkennt man mit

$$E[\hat{V}(\bar{x})] = E(\frac{\tilde{s}^2}{n}) = \frac{1}{n}\cdot E(\tilde{s}^2) = \frac{\sigma^2}{n} = V(\bar{x}) .$$

Die in (2.5.2) angegebene Varianz der Hochrechnung $\hat{X}$ schätzt man erwartungstreu mit

$$(2.5.16) \quad \hat{V}(\hat{X}) = N^2\cdot\frac{\tilde{s}^2}{n} = \frac{N^2}{n\cdot(n-1)} \sum_{i=1}^{n} (x_i-\bar{x})^2 .$$

Der Leser überzeuge sich von der Richtigkeit dieser Behauptung mittels $E(\tilde{s}^2) = \sigma^2$ (siehe Beweis von (2.5.13)).

(2) Heterograder Fall (Ziehen ohne Zurücklegen)

Die in (2.5.3) angegebene Varianz des Stichprobenmittels schätzt man erwartungstreu mit

$$(2.5.17) \quad \hat{V}(\bar{x}) = \frac{\tilde{s}^2}{n}\cdot\frac{N-n}{N-1} = \frac{N-n}{n\cdot(n-1)\cdot(N-1)} \sum_{i=1}^{n} (x_i-\bar{x})^2 ,$$

da nun der Korrekturfaktor zu berücksichtigen ist.

Die in (2.5.6) angegebene Varianz der Hochrechnung $\hat{X}$ schätzt man erwartungstreu mit

$$(2.5.18) \quad \hat{V}(\hat{X}) = N^2 \cdot \frac{N-n}{N-1} \cdot \frac{\tilde{s}^2}{n} = \frac{(N-n) \cdot N^2}{(N-1) \cdot n \cdot (n-1)} \sum_{i=1}^{n} (x_i - \bar{x})^2 .$$

Auch diese Varianzschätzung unterscheidet sich von der entsprechenden Varianzschätzung für "Ziehen mit Zurücklegen" nur durch den Korrekturfaktor.

(3) Homograder Fall (Ziehen mit Zurücklegen)

Die in (2.5.7) angegebene Varianz des Anteils der Erfolge in der Stichprobe (als Schätzung des Anteils der Erfolge in der Grundgesamtheit) schätzt man erwartungstreu mit

$$(2.5.19) \quad \hat{V}(p) = \frac{p \cdot q}{n-1} \qquad \text{mit } p = \frac{k}{n} \text{ und } q = 1 - p,$$

da ein Freiheitsgrad mit der Schätzung des Parameters P der Grundgesamtheit durch den Stichprobenparameter p verlorengeht.

Entsprechend schätzt man die in (2.5.8) angegebene Varianz der Hochrechnung $N \cdot p$ erwartungstreu mit

$$(2.5.20) \quad \hat{V}(N \cdot p) = N^2 \cdot \frac{p \cdot q}{n-1} .$$

(4) Homograder Fall (Ziehen ohne Zurücklegen)

Die in (2.5.9) angegebene Varianz von p schätzt man erwartungstreu mit

$$(2.5.21) \quad \hat{V}(p) = \frac{p \cdot q}{n-1} \cdot \frac{N-n}{N-1} .$$

Der Unterschied zu (2.5.19) besteht im Korrekturfaktor.

Die Varianz der in (2.5.10) angegebenen Hochrechnung $N \cdot p$ wird erwartungstreu geschätzt mit

$$(2.5.22) \quad \hat{V}(N \cdot p) = N^2 \cdot \frac{p \cdot q}{n-1} \cdot \frac{N-n}{N-1} .$$

Auch hier besteht der Unterschied zu (2.5.20) lediglich im Korrekturfaktor.

2.6. Konfidenzintervall für den Erwartungswert

2.6.1. Heterograder Fall

Kennt man die Varianz σ^2 der Grundgesamtheit, nicht jedoch den Erwartungswert μ der Grundgesamtheit, so ist die standardisierte Größe

$$\frac{\bar{x} - \mu}{\frac{\sigma}{\sqrt{n}}} \tag{2.6.1}$$

nach dem zentralen Grenzwertsatz für größere Stichprobenumfänge n standardnormalverteilt. Wesentlich ist hierbei die Unabhängigkeit der einzelnen Stichprobenentnahmen aus einer gemeinsamen Grundgesamtheit (wobei letzteres die Identität der Verteilung beinhaltet. Wegen weiterer Details sei verwiesen auf Leiner [1980], S. 181f und S. 201ff). Der zentrale Grenzwertsatz gestattet uns somit die Wahrscheinlichkeitsaussage

$$W\left(-k \leq \frac{\bar{x} - \mu}{\frac{\sigma}{\sqrt{n}}} \leq k\right) = 1 - \alpha , \tag{2.6.2}$$

wobei k ein tabellierter Schwellenwert der Standardnormalverteilung mit zugehöriger Konfidenzzahl $1-\alpha$ ist. Einige algebraische Umformungen des Arguments der Wahrscheinlichkeit W in (2.6.2), die den Wert dieser Wahrscheinlichkeit selbst nicht verändern, ergeben

$$W\left(\bar{x} - k\cdot\frac{\sigma}{\sqrt{n}} \leq \mu \leq \bar{x} + k\cdot\frac{\sigma}{\sqrt{n}}\right) = 1 - \alpha . \tag{2.6.3}$$

Auf diese Weise läßt sich also ein Konfidenzintervall für den unbekannten Erwartungswert μ der Grundgesamtheit bilden, das in diesem einfachen Fall symmetrisch um das Stichprobenmittel $\bar{x}$ liegt.

Wie wir in Abschnitt 2.5.3 gesehen haben, können wir für den Fall, daß auch die Varianz σ^2 der Grundgesamtheit unbekannt ist, diese erwartungstreu schätzen mit der modifizierten Stichprobenvarianz $\tilde{s}^2$. Wir nutzen nun aus, daß die standardisierte

Größe

$$(2.6.4) \qquad \frac{\bar{x} - \mu}{\frac{\tilde{s}}{\sqrt{n}}}$$

t-verteilt ist mit n-1 Freiheitsgraden. Damit gilt die Wahrscheinlichkeitsaussage

$$(2.6.5) \qquad W(-t_{n-1} \leq \frac{\bar{x} - \mu}{\frac{\tilde{s}}{\sqrt{n}}} \leq t_{n-1}) = 1 - \alpha$$

diesmal aufgrund der t-Verteilung von student (dies war das Pseudonym von W.S. Gosset). t_{n-1} ist der tabellierte Schwellenwert dieser Verteilung mit zugehöriger Konfidenzzahl 1-α. Die algebraische Umformung der im Argument von W enthaltenen Ungleichungen liefert mit

$$(2.6.6) \qquad W(\bar{x} - t_{n-1} \cdot \frac{\tilde{s}}{\sqrt{n}} \leq \mu \leq \bar{x} + t_{n-1} \cdot \frac{\tilde{s}}{\sqrt{n}}) = 1 - \alpha$$

ein Konfidenzintervall für den unbekannten Erwartungswert μ.

Für größere Stichprobenumfänge n nähert sich die t-Verteilung der Standardnormalverteilung, wie man durch Vergleich der Tabellenwerte feststellen kann. In einem solchen Fall kann man also auch mit der Normalverteilung arbeiten, wenn man die Varianz σ^2 nicht kennt und diesen Parameter der Normalverteilung durch seine erwartungstreue Schätzung $\tilde{s}^2$ (modifizierte Stichprobenvarianz) ersetzt. Als Beispiel einer solchen Konfidenzaussage, das der Leser in anderen Fällen durch Einsetzen der jeweiligen Varianzformel variieren kann, ergibt sich im reinen Zufallsmodell für Ziehen ohne Zurücklegen

$$(2.6.7) \qquad W(\bar{x} - k \cdot \tilde{s} \cdot \sqrt{\frac{N-n}{N \cdot n}} \leq \mu \leq \bar{x} + k \cdot \tilde{s} \cdot \sqrt{\frac{N-n}{N \cdot n}}) = 1 - \alpha ,$$

wobei im Korrekturfaktor N-1 durch N approximiert wurde und k wieder ein Schwellenwert der Standardnormalverteilung ist für hinreichend großes n (andernfalls t-Verteilung).

2.6.2. Homograder Fall

Wir betrachten hier zunächst den Fall des Ziehens mit Zurücklegen. Für den unbekannten Parameter P der Grundgesamtheit, der den Anteil der Erfolge mißt, bilden wir mit der t-Verteilung ein Konfidenzintervall um seinen Schätzwert p, dessen Varianz wir erwartungstreu schätzen mit $\hat{V}(p) = \frac{p \cdot q}{n-1}$ (siehe (2.5.19)). Analog zu unseren vorangegangenen Überlegungen entwickeln wir die Wahrscheinlichkeitsaussage

$$(2.6.8) \qquad W\left(p - t_{n-1} \cdot \sqrt{\frac{p \cdot q}{n-1}} \leq P \leq p + t_{n-1} \cdot \sqrt{\frac{p \cdot q}{n-1}}\right) = 1 - \alpha \, .$$

Dies ist ein Konfidenzintervall für den unbekannten Parameter P der Grundgesamtheit, das hier symmetrisch um den Anteil p der Erfolge der Stichprobe gebildet wird.

Wir bemerken, daß uns die Kenntnis von P auch zur Berechnung der Varianz der Grundgesamtheit verhelfen würde.

Im Fall des Ziehens ohne Zurücklegen entwickeln wir entsprechend die Wahrscheinlichkeitsaussage

$$(2.6.9) \qquad W\left(p - t_{n-1} \cdot \sqrt{\frac{p \cdot q}{n-1} \cdot \frac{N-n}{N-1}} \leq P \leq p + t_{n-1} \cdot \sqrt{\frac{p \cdot q}{n-1} \cdot \frac{N-n}{N-1}}\right) = 1 - \alpha \, ,$$

die uns ebenfalls ein Konfidenzintervall für den unbekannten Parameter P der Grundgesamtheit liefert, wobei diesmal der Korrekturfaktor zu berücksichtigen war.

Wie im heterograden Fall läßt sich für hinreichend große Werte von n die t-Verteilung durch die Normalverteilung approximieren, wobei die unbekannte Varianz der Normalverteilung durch eine erwartungstreue Schätzung approximiert werden kann.

2.7. Multinomialverteilung und multihypergeometrische Verteilung

Bisher sind wir davon ausgegangen, daß unsere Zufallsvariablen bimodal waren, d.h. zwei Modalitäten aufwiesen, die wir mit Erfolg und Mißerfolg gleichgesetzt hatten. In diesem Abschnitt wollen wir Erweiterungen betrachten, die sich dadurch ergeben, daß nun zugelassen wird, daß unsere Zufallsvariablen auch mehr als zwei Modalitäten aufweisen können. So wird jetzt allgemein eine endliche Anzahl m von Modalitäten mit $m \geq 2$ zugelassen.

2.7.1. Die Multinomialverteilung

Für das Ziehungsschema "Ziehen mit Zurücklegen", das diesem Verteilungstyp zugrundeliegt, vereinbaren wir folgende Notation:

P_j = Anteil der Einheiten mit der j-ten Modalität in der Grundgesamtheit ($j=1,\ldots,m$)

k_j = Anzahl der Einheiten mit der j-ten Modalität in der Stichprobe ($j=1,\ldots,m$)

N = Umfang der Grundgesamtheit

n = Stichprobenumfang.

Dann gelten die beiden Bedingungen

$$n = k_1 + \ldots + k_m \tag{2.7.1}$$

und

$$1 = P_1 + \ldots + P_m \,, \tag{2.7.2}$$

d.h. die in der Stichprobe festgestellten Anzahlen der Einheiten, die eine bestimmte Modalität unseres Merkmals aufweisen, summieren sich zum Stichprobenumfang, wenn jede Einheit eine der Modalitäten dieses Merkmals aufweisen muß. Es handelt sich somit um Häufigkeiten dieser sich gegenseitig ausschließenden Merkmalsmodalitäten. Wie bei der Binomialverteilung schließen wir also den Fall sogenannter häufbarer Merkmale aus, d.h. solcher Merkmale, bei denen eine Einheit mehrere Modalitäten desselben Merkmals aufweisen kann (z.B. zugleich mehrere Antworten auf die Frage nach dem ausgeübten Beruf). In (2.7.1) muß daher die Summe der festgestellten Häufigkeiten der in der Stichprobe vertretenen Modalitäten den Stichprobenumfang ergeben. In (2.7.2) ergänzen sich die Quoten der m Modalitäten in der Grundgesamtheit zu Eins, da wir nur disjunkte Modalitäten betrachten wollen.

Das Ergebnis jeder einzelnen Ziehung wird durch eine Zufallsvariable X_i mit $i=1,\ldots,n$ repräsentiert. Im reinen Zufallsmodell sind somit diese n Zufallsvariablen, von denen jede über m Modalitäten verfügt, identisch und unabhängig verteilt. Zur Veranschaulichung diene eine Befragung von n Personen über ein Merkmal mit m möglichen Ausprägungen.

Ähnlich wie für die Binomialverteilung errechnet sich nun die Wahrscheinlichkeit für das gemeinsame Auftreten von k_1 Einheiten mit der 1. Modalität, k_2 Einheiten mit der 2. Modalität, ... und schließlich k_m Einheiten mit der m-ten Modalität in der Stichprobe nach der Formel

$$(2.7.3) \qquad \frac{n!}{k_1!\cdot k_2!\cdot\ldots\cdot k_m!}\cdot P_1^{k_1}\cdot P_2^{k_2}\cdot\ldots\cdot P_m^{k_m}$$

$$= \frac{n!}{\prod\limits_{j=1}^{m} k_j!}\cdot\prod_{j=1}^{m} P_j^{k_j}\ .$$

Dies ist die Wahrscheinlichkeitsverteilung der Multinomialverteilung. Für m=2 erhalten wir hieraus als Spezialfall die Wahrscheinlichkeitsverteilung der Binomialverteilung (2.2.4). Hierbei ist zu beachten, daß $k_1 = k$, $k_2 = n-k$, $P_1 = P$, $P_2 = 1 - P = Q$ sowie $\binom{n}{k} = \frac{n!}{k!\cdot(n-k)!}$.

Beispiel: Eine Urne enthält weiße, blaue und rote Kugeln. Der Anteil der weißen Kugeln beträgt $P_1 = \frac{1}{6}$, der der blauen Kugeln $P_2 = \frac{1}{3}$ und somit der der roten Kugeln $P_3 = \frac{1}{2}$. Wie groß ist die Wahrscheinlichkeit, daß in einer Stichprobe vom Umfang n = 10 genau 4 blaue und 5 rote Kugeln (und damit auch eine weiße Kugel) enthalten sind, wenn nach dem Ziehungsschema "Ziehen mit Zurücklegen" verfahren wird?

Einsetzen von $k_1 = 1$, $k_2 = 4$, $k_3 = 5$ und der übrigen Werte in (2.7.3) ergibt

$$\frac{10!}{1!\cdot 4!\cdot 5!}\cdot\left(\frac{1}{6}\right)^1\cdot\left(\frac{1}{3}\right)^4\cdot\left(\frac{1}{2}\right)^5 = \frac{10\cdot 9\cdot 8\cdot 7\cdot 6}{4!\cdot 6\cdot 3^4\cdot 2^5} = \frac{35}{432} \cong 8\%\ ,$$

d.h. wenn man die weißen Kugeln als "Erfolgs"-Kugeln ansieht, ist unter den vorgegebenen Bedingungen die Wahrscheinlichkeit für einen Erfolg mit rd. 8% zu beziffern.

2.7.2. Die multihypergeometrische Verteilung

Für das Ziehungsschema "Ziehen ohne Zurücklegen", das dieser Verallgemeinerung der hypergeometrischen Verteilung auf den Fall eines Merkmals mit m Modalitäten ($m \geq 2$) zugrundeliegt, übernehmen wir bis auf die P_j die Notation aus Abschnitt 2.7.1. Zusätzlich benötigen wir

K_j = Anzahl der Einheiten mit der j-ten Modalität in der Grundgesamtheit ($j=1,\dots,m$),

so daß jetzt die beiden Bedingungen

$$n = k_1 + \dots + k_m \tag{2.7.1}$$

und

$$N = K_1 + \dots + K_m \tag{2.7.4}$$

gelten. Die neue Bedingung (2.7.4) ist eine Analogie zur Stichprobenbedingung (2.7.1) in Bezug auf die Grundgesamtheit. Für die betrachteten nicht-häufbaren Merkmale bedeutet sie, daß auch in der Grundgesamtheit jede Einheit nur eine Modalität annehmen kann von m verfügbaren Modalitäten, so daß die Summe der festgestellten Modalitäten in der Grundgesamtheit gleichbedeutend ist mit der Anzahl der Einheiten in der Grundgesamtheit. Festgestellte Modalitäten sind somit die Häufigkeiten der m Modalitäten in der Grundgesamtheit.

Ähnlich wie für die hypergeometrische Verteilung errechnet sich die Wahrscheinlichkeit für das gemeinsame Auftreten von k_1 Einheiten der 1. Modalität, k_2 Einheiten der 2. Modalität, ... und schließlich k_m Einheiten der m-ten Modalität in der Stichprobe mit

$$\frac{\binom{K_1}{k_1}\cdot\binom{K_2}{k_2}\cdot\ldots\cdot\binom{K_m}{k_m}}{\binom{N}{n}} = \frac{\prod_{j=1}^{m}\binom{K_j}{k_j}}{\binom{N}{n}} . \tag{2.7.5}$$

Dies ist die Wahrscheinlichkeitsverteilung der multihypergeometrischen Verteilung. Für m=2 erhalten wir hieraus als Spezialfall die Wahrscheinlichkeitsverteilung der hypergeometrischen Verteilung (2.3.1). Hierbei ist zu beachten, daß $k_1 = k$, $k_2 = n-k$, $K_1 = K$ und $K_2 = N-K$.

Beispiel: Wie groß ist die Wahrscheinlichkeit, aus einem Pokerspiel mit 52 Karten 5 Karten zu ziehen, die ein full house (auch full hand genannt) ergeben, d.h. daß diese Karten aus einem Drilling und aus einem Paar bestehen?

Wir berechnen zunächst mit der multihypergeometrischen Verteilung die Wahrscheinlichkeit für ein full house, das sich aus 3 Assen und 2 Königen zusammensetzt und erhalten

$$\frac{\binom{4}{3}\cdot\binom{4}{2}\cdot\binom{44}{0}}{\binom{52}{5}} = \frac{\binom{4}{3}\cdot\binom{4}{2}}{\binom{52}{5}} = \frac{4\cdot 6}{\frac{52\cdot 51\cdot 50\cdot 49\cdot 48}{1\cdot 2\cdot 3\cdot 4\cdot 5}} = \frac{24}{2.598.960}$$

$$\cong 0{,}0000092\ ,$$

also rd. 0,0009%.
Da Drilling und Paar zugleich nicht aus gleichrangigen Werten bestehen können (keine 5 Asse) und z.B. 2 Asse und 3 Könige als full house geringerwertig sind als das zuvor betrachtete full house, gibt es für die $w=13$ Werte insgesamt $w\cdot(w-1) = 13\cdot 12 = 156$ Möglichkeiten, ein full house zu erhalten. Somit berechnen wir die gesuchte Wahrscheinlichkeit für ein beliebiges full house mit

$$\frac{156\cdot 24}{2.598.960} = \frac{3.744}{2.598.960} \cong 0{,}00144\ ,$$

also mit rd. 0,14% oder 1:700.

Übungsaufgaben

2.1. Zeigen Sie, daß in einer Zufallsstichprobe das Stichprobenmittel eine erwartungstreue Schätzung des Mittelwerts der Grundgesamtheit ist.

2.2. Ein Pokerspiel besteht aus 52 Karten (13 Werte, 4 Farben).
   a) Wieviele Möglichkeiten gibt es, 5 beliebige Karten aus 52 Karten zu ziehen?

b) Wieviele Möglichkeiten gibt es, in denen 2 der 5 gezogenen Karten Asse sind?

c) Wieviele Möglichkeiten gibt es, in denen 3 der 5 gezogenen Karten Asse sind?

d) Wie groß ist die Wahrscheinlichkeit, daß 4 der 5 gezogenen Karten den gleichen Wert aufweisen?

Weiterführende Literatur

Hansen-Hurwitz-Madow [1953I]
Hansen-Hurwitz-Madow [1953II]
Rand Corporation [1955]
Kellerer [1963]
Cochran [1972]
UN [1972]
Schaich-Köhle-Schweitzer-Wegner [1974]
Jessen [1978]
Leiner [1980]

3. Kapitel
Die Bestimmung des Stichprobenumfangs

3.1. Heterograder Fall (Ziehen mit Zurücklegen)

Für die reinen Zufallsmodelle in den vier Varianten (homograder und heterograder Fall, Ziehen mit/ohne Zurücklegen) betrachten wir das Problem der Bestimmung des Stichprobenumfangs einer Untersuchung. Das Dilemma besteht in der Praxis darin, daß ein zu groß gewählter Stichprobenumfang n zu hohe Kosten verursacht, während ein zu klein gewähltes n bedeuten kann, daß die Aussage der Stichprobenuntersuchung unzuverlässig ist, d.h. daß man in dem Bestreben, die Kosten der Untersuchung gering zu halten, nur zu mehr oder weniger wertlosen Ergebnissen kommt.

Wie wir in Abschnitt 2.6 schon gesehen haben, gestattet uns im heterograden Fall für Ziehen mit Zurücklegen die Normalverteilung die Wahrscheinlichkeitsaussage (2.6.3), d.h. mit Wahrscheinlichkeit $1-\alpha$ überdeckt das um das Stichprobenmittel $\bar{x}$ gelegte symmetrische Intervall $[\bar{x} - k\cdot\frac{\sigma}{\sqrt{n}} , \bar{x} + k\cdot\frac{\sigma}{\sqrt{n}}]$ den unbekannten Erwartungswert μ der Grundgesamtheit.

Tabelle 3.1. Schwellenwerte der Standardnormalverteilung

k	1 - α
1	0,6827
1,96	0,95
2	0,9545
2,58	0,99
3	0,9973
3,3	0,999

In Tabelle 3.1 sind einige prominente Schwellenwerte der Standardnormalverteilung zusammengestellt. Eine ausführlichere Tabelle findet man in Leiner [1980], S. 215-217. Allein mit den in Tabelle 3.1 aufgeführten Werten erkennt man schon, daß unser Konfidenzintervall in dem Maße, in dem die "Trefferwahrscheinlichkeit" $1-\alpha$ zunimmt und gegen 1 strebt, aufgrund der höheren Werte für k immer breiter und damit in seiner Aussagefähigkeit weniger brauchbar wird. Wird jedoch das Konfidenzintervall mit einem kleinen Wert von k zu eng angelegt, ist die Chance groß, daß das Konfidenzintervall den unbekannten Erwartungswert μ der Grundgesamtheit nicht überdeckt. Die Größe

$$(3.1.1) \qquad d_{\bar{x}} = k \cdot \sigma_{\bar{x}} = k \cdot \frac{\sigma}{\sqrt{n}}$$

nennt man auch die Genauigkeit der Stichprobenuntersuchung, wobei $\sigma_{\bar{x}}$ die Standardabweichung der in (2.5.1) angegebenen Varianz des Stichprobenmittels darstellt (die Standardabweichung ist, wie wir wissen, stets die positive Quadratwurzel der zugehörigen Varianzgröße). Unser Konfidenzintervall wird also mit dem Abstand $d_{\bar{x}}$ um das Stichprobenmittel $\bar{x}$ gelegt. Somit hat $d_{\bar{x}}$ die Dimension der untersuchten Einheiten.

Löst man Gleichung (3.1.1) nach n auf, so erhält man

$$(3.1.2) \qquad n = \frac{k^2 \cdot \sigma^2}{d_{\bar{x}}^2} \quad .$$

Man sieht, daß der zu bestimmende Stichprobenumfang um so größer ausfallen wird,

(1) je größer k gewählt wird, d.h. je größer mit $1-\alpha$ die Wahrscheinlichkeit sein soll, daß das Konfidenzintervall μ überdeckt,

(2) je größer die Varianz σ^2 der Einheiten in der Grundgesamtheit ist, d.h. je uneinheitlicher das Bild in der Grundgesamtheit sich darstellt (Inhomogenität der Einheiten),

(3) je kleiner $d_{\bar{x}}$ gewählt wird, d.h. je genauer die Aussage der Stichprobe sein soll.

Da wir hier nur das Ziehungsschema "Ziehen mit Zurücklegen" verwendet haben, verwundert es nicht, daß aufgrund der Varianzformel (2.5.1) der Umfang N der Grundgesamtheit für die Bestimmung des Stichprobenumfangs n unbeachtlich ist, diese Formel (3.1.2) also auch für beliebig große Grundgesamtheiten gilt.

Ergibt sich bei der in (3.1.2) vorzunehmenden Division für n keine natürliche Zahl, nimmt man anstelle der sich ergebenden reellen Zahl die nächstgrößere natürliche Zahl als Stichprobenumfang.

Kennt man die Varianz der Einheiten der Grundgesamtheit nicht aus früheren Erhebungen, so ist eine Probeerhebung durchzuführen und σ^2 durch die modifizierte Stichprobenvarianz $\tilde{s}^2$ dieser Probeerhebung abzuschätzen.

Bei mehreren zu erfragenden Merkmalen pro Untersuchungseinheit sollte der Stichprobenumfang so gewählt werden, daß für jedes Merkmal die geforderte Genauigkeit beachtet wird. Dies wird für einige der Merkmale bedeuten, daß für sie der Stichprobenumfang größer ausfallen wird, als wenn man nur sie erfaßt hätte.

<u>Beispiel:</u> Man möchte das durchschnittliche Körpergewicht der Bewohner eines Landes mit einer Zufallsstichprobe nach dem Schema "Ziehen mit Zurücklegen" ermitteln. Aus früheren Untersuchungen kann man den Wert der Varianz der Einheiten in der Grundgesamtheit mit $\sigma^2 = 400$ [Dimension: kg²] angeben, was einer Standardabweichung von 20 [kg] entspricht. Eine Genauigkeit von $d_{\bar{x}} = 1$ [kg] (als Abweichung des Stichprobenmittels vom "wahren" Wert μ des Durchschnittsgewichts) wird als ausreichend erachtet. Ein Konfidenzintervall, das mit einer Wahrscheinlichkeit von $\alpha = 4{,}55\%$ den Wert μ nicht überdeckt, wird noch akzeptiert. Wie groß sollte der Stichprobenumfang dann mindestens sein?

Aus Tabelle 3.1 ergibt sich zu diesem Wert von α ein Wert $k = 2$, den wir mit den übrigen Angaben in Formel (3.1.2) einsetzen. Wir erhalten

$$n = \frac{2^2 \cdot 400}{1^2} = 1600 \ .$$

Die Stichprobe sollte also aus mindestens 1600 Körpergewichtsangaben bestehen, wobei eine strenge Auslegung des Begriffs "Ziehen mit Zurücklegen" bedeuten würde, daß das Körpergewicht von Personen, die zufällig mehrfach in die Auswahl gelangen sollten, dann auch mehrfach gezählt würde.

Durch Variation der Angaben des Beispiels erkennen wir, daß z.B. eine Verdopplung von $d_{\bar{x}}$ (bzw. eine Halbierung von k) sich quadratisch auswirkt und zu einem Stichprobenumfang n=400 führt.

3.2. Heterograder Fall (Ziehen ohne Zurücklegen)

Für das Ziehungsschema "Ziehen ohne Zurücklegen" ist in (2.6.3) die Standardabweichung σ zu substituieren durch die positive Quadratwurzel aus der Varianz (2.5.4) der Einheiten der hypergeometrischen Verteilung. Damit erhalten wir im betrachteten heterograden Fall für die Genauigkeit der Stichprobenuntersuchung

$$(3.2.1) \qquad d_{\bar{x}} = k \cdot \frac{\sigma}{\sqrt{n}} \cdot \sqrt{\frac{N-n}{N-1}} \, .$$

Wir quadrieren beide Seiten dieser Gleichung und erhalten

$$d_{\bar{x}}^2 = k^2 \cdot \frac{\sigma^2}{n} \cdot \frac{N-n}{N-1} \, .$$

Mit den Umformungen

$$\frac{N-n}{n} = d_{\bar{x}}^2 \cdot \frac{N-1}{k^2 \cdot \sigma^2} \, ,$$

$$\frac{N}{n} = d_{\bar{x}}^2 \cdot \frac{N-1}{k^2 \cdot \sigma^2} + 1 = \frac{d_{\bar{x}}^2 \cdot (N-1) + k^2 \cdot \sigma^2}{k^2 \cdot \sigma^2}$$

und

$$\frac{n}{N} = \frac{k^2 \cdot \sigma^2}{d_{\bar{x}}^2 \cdot (N-1) + k^2 \cdot \sigma^2}$$

erhalten wir für die Bestimmung des Stichprobenumfangs die Formel

$$(3.2.2) \qquad n = \frac{N \cdot k^2 \cdot \sigma^2}{d_{\bar{x}}^2 \cdot (N-1) + k^2 \cdot \sigma^2} \, ,$$

was man wegen $N-1 \cong N$ annähern kann durch

$$(3.2.3) \qquad n \cong \frac{N \cdot k^2 \cdot \sigma^2}{N \cdot d_{\bar{x}}^2 + k^2 \cdot \sigma^2} = \frac{k^2 \cdot \sigma^2}{d_{\bar{x}}^2 + \frac{k^2 \cdot \sigma^2}{N}} \, .$$

Wenn wir (3.1.5) bzw. (3.1.4) mit (3.1.2) vergleichen, stellen wir fest, daß für sehr große Grundgesamtheiten (große N) und für nicht zu große Varianzen σ^2 die so ermittelten Stichprobenumfänge kaum voneinander abweichen.

Beispiel: Wollte man mit den Angaben des in 3.1. betrachteten Beispiels den Stichprobenumfang einer Untersuchung des Körpergewichts der Bundesbürger bestimmen mit dem realitätsnäheren Schema "Ziehen ohne Zurücklegen", so würde für diese Grundgesamtheit (mit $N \cong 6 \cdot 10^7$) sowohl (3.2.3) als auch (3.2.2) zu einem Wert $n \cong 1599{,}96$ führen, mithin ebenfalls zu einem Stichprobenumfang von 1600 Personen.

Für kleinere Grundgesamtheiten kann jedoch der Einfluß des Ausdrucks $\frac{k^2 \cdot \sigma^2}{N}$ in (3.2.3) auf die Größe von n beträchtlich sein.

Beispiel: Für eine Gemeinde mit 1600 Einwohnern würden die Angaben dieses Gewicht-Beispiels bei unkritischem Einsetzen in (3.1.2) zu einer Vollerhebung führen (erst recht bei kleineren Gemeinden). Einsetzen in (3.2.3) ergibt einen Stichprobenumfang von n = 800, d.h. einen Auswahlsatz von 50%. Einsetzen in (3.2.2) würde einen vom letzteren Wert nur geringfügig abweichenden Wert von $n \cong 800{,}3$ ergeben, was eine Befragung von 801 Personen nahelegen würde.

3.3. Homograder Fall (Ziehen mit Zurücklegen)

Nach Satz 2.5.5 erhielten wir für die Varianz der Erfolgsquote p in der Stichprobe

$$(2.5.7) \qquad V(p) = \frac{P \cdot Q}{n} \qquad \text{mit } Q = 1 - P.$$

Demnach gilt für das symmetrisch um p gebildete Konfidenzintervall für den unbekannten Parameter P der Grundgesamtheit nach dem zentralen Grenzwertsatz

$$(3.3.1) \qquad W\left(p - k \cdot \sqrt{\frac{P \cdot Q}{n}} \leq P \leq p + k \cdot \sqrt{\frac{P\,Q}{n}}\right) = 1 - \alpha.$$

Das Dilemma besteht nun darin, daß in diesem Fall in der Formel für die absolute Abweichung (also die Genauigkeit der Stichprobenuntersuchung)

$$(3.3.2) \qquad d_p = k \cdot \sqrt{\frac{P \cdot Q}{n}}$$

gerade das unbekannte P vorkommt. Da P eine Quote ist, läßt sich für das Produkt $P \cdot Q = P \cdot (1 - P)$ durch Differentiation bezüglich P aus $P_{max} = \frac{1}{2}$ der Maximalwert $P_{max} \cdot (1 - P_{max}) = \frac{1}{4}$ bestimmen (Im Maximum ist die 1. Ableitung als Steigung der Funktion gleich Null). Mit

$$(3.3.3) \qquad d_{p_{max}} = k \cdot \frac{1}{\sqrt{4n}} = \frac{k}{2} \cdot \frac{1}{\sqrt{n}}$$

gilt dann für das zugehörige größte Intervall um p die Wahrscheinlichkeitsaussage

$$(3.3.4) \qquad W(p - \frac{k}{2} \cdot \frac{1}{\sqrt{n}} \leq P \leq p + \frac{k}{2} \cdot \frac{1}{\sqrt{n}}) = 1 - \alpha .$$

Damit haben wir eine Abschätzung für den ungünstigsten Fall. Eine andere Lösung unseres Dilemmas erhalten wir mit der erwartungstreuen Varianzschätzung

$$(2.5.19) \qquad \hat{V}(p) = \frac{p \cdot q}{n-1} ,$$

in der nun ebenfalls das unbekannte P durch p geschätzt wurde. Damit erhalten wir anstelle der Wahrscheinlichkeitsaussage (3.3.1) nunmehr

$$(3.3.5) \qquad W(p - k \cdot \sqrt{\frac{p \cdot q}{n-1}} \leq P \leq p + k \cdot \sqrt{\frac{p \cdot q}{n-1}}) = 1 - \alpha .$$

Wir verfügen also über zwei Möglichkeiten, den Stichprobenumfang zu bestimmen. Für den ungünstigsten Fall arbeiten wir mit (3.3.3) und beachten, daß für vorgegebenes d_p gelten muß (damit der Maximalwert nicht unterschritten wird):

$$d_p \geq \frac{k}{2} \cdot \frac{1}{\sqrt{n}} .$$

Da alle Größen positiv sind, dürfen wir diese Ungleichung (Gleichung) umformen zu

$$\sqrt{n} \geq \frac{k}{2d_p}$$

und erhalten durch Quadrieren

$$(3.3.6) \qquad n \geq \frac{k^2}{4d_p^2} .$$

Sofern wir P erwartungstreu mit p schätzen wollen, gewinnen wir aus (3.3.5)

$$(3.3.7) \qquad d_p \geq k \cdot \sqrt{\frac{p \cdot q}{n-1}}$$

und daraus durch Quadrieren

$$d_p^2 \geq k^2 \cdot \frac{p \cdot q}{n-1} ,$$

so daß

$$n-1 \geq \frac{k^2 \cdot p \cdot q}{d_p^2} ,$$

weshalb wir dann für den Stichprobenumfang erhalten

$$(3.3.8) \qquad n \geq \frac{k^2 \cdot p \cdot q}{d_p^2} + 1 .$$

<u>Beispiel:</u> In einer Befragungsaktion möchte man den Anteil der Haushalte, die einen Videorecorder besitzen, ermitteln. Eine frühere Befragung (pilot study) von 400 Haushalten ergab, daß 80 von ihnen über einen Videorecorder verfügten. Man möchte den unbekannten Anteil P mit einer absoluten Genauigkeit von 0,01 eingrenzen. Die Irrtumswahrscheinlichkeit α wird mit 4,55% festgelegt. Für welchen Stichprobenumfang sollte man sich entscheiden, wenn das Ziehungsschema "Ziehen mit Zurücklegen" verwendet wird?

Im ungünstigsten Fall erhalten wir aufgrund von (3.3.6) mit k=2

$$n \geq \frac{2^2}{4 \cdot (0{,}01)^2} = \frac{1}{0{,}0001} = 10.000 ,$$

so daß man sich dann für einen Stichprobenumfang von 10.000 Haushalten entscheiden würde.

Schätzen wir P mit $p=\frac{80}{400}=0{,}2$, so erhalten wir aufgrund von (3.3.8)

$$n \geq \frac{2^2 \cdot 0{,}2 \cdot 0{,}8}{(0{,}01)^2} + 1 = 6.401$$

und erhalten dann mit 6.401 Haushalten einen wesentlich kleineren Stichprobenumfang, der jedoch von der Qualität der Schätzung $p=0{,}2=\hat{P}$ abhängt.

3.4. Homograder Fall (Ziehen ohne Zurücklegen)

Nach Satz 2.5.7 erhielten wir für die Varianz der Erfolgsquote p in der Stichprobe

$$(2.5.9) \qquad V(p) = \frac{P \cdot Q}{n} \cdot \frac{N-n}{N-1} \qquad \text{mit } Q = 1 - P$$

und gelangen damit zur Konfidenzaussage

$$(3.4.1) \qquad W\left(p - k \cdot \sqrt{\frac{P \cdot Q}{n} \cdot \frac{N-n}{N-1}} \leq P \leq p + k \cdot \sqrt{\frac{P \cdot Q}{n} \cdot \frac{N-n}{N-1}}\right) = 1 - \alpha \,.$$

Wieder besteht unser Dilemma darin, daß die absolute Abweichung

$$(3.4.2) \qquad d_p = k \cdot \sqrt{\frac{P \cdot Q}{n} \cdot \frac{N-n}{N-1}}$$

vom unbekannten P abhängig ist. Wie zuvor überlegen wir, daß $P \cdot Q \leq \frac{1}{4}$ und daß, wenn der Maximalwert nicht unterschritten wird, gelten muß

$$d_p \geq k \cdot \sqrt{\frac{1}{4n} \cdot \frac{N-n}{N-1}} \,.$$

Quadrieren ergibt

$$d_p^2 \geq k^2 \cdot \frac{1}{4n} \cdot \frac{N-n}{N-1} \,.$$

Durch Umformungen erhalten wir

$$\frac{4d_p^2 \cdot (N-1)}{k^2} \geq \frac{N-n}{n} = \frac{N}{n} - 1 \,,$$

$$\frac{4d_p^2 \cdot (N-1)}{k^2} + 1 = \frac{4d_p^2 \cdot (N-1) + k^2}{k^2} \geq \frac{N}{n} \,,$$

$$\frac{n}{N} \geq \frac{k^2}{4d_p^2 \cdot (N-1) + k^2}$$

und schließlich

$$(3.4.3) \qquad n \geq \frac{k^2 \cdot N}{4d_p^2 \cdot (N-1) + k^2} \,,$$

was man wegen N-1 ≅ N annähern kann mit

$$(3.4.4) \qquad n \geq \frac{k^2}{4d_p^2 + \frac{k^2}{N}}$$

Dies ist somit der Stichprobenumfang im ungünstigsten Fall.

Verwenden wir stattdessen die erwartungstreue Varianzschätzung

$$(2.5.21) \qquad \hat{V}(p) = \frac{p \cdot q}{n-1} \cdot \frac{N-n}{N-1} ,$$

so erhalten wir die Konfidenzaussage

$$(3.4.5) \qquad W\left(p - k \cdot \sqrt{\frac{p \cdot q}{n-1} \cdot \frac{N-n}{N-1}} \leq P \leq p + k \cdot \sqrt{\frac{p \cdot q}{n-1} \cdot \frac{N-n}{N-1}}\right) = 1 - \alpha ,$$

so daß man d_p so wählt, daß

$$(3.4.6) \qquad d_p \geq k \cdot \sqrt{\frac{p \cdot q}{n-1} \cdot \frac{N-n}{N-1}} .$$

Quadrieren ergibt

$$d_p^2 \geq k^2 \cdot \frac{p \cdot q}{n-1} \cdot \frac{N-n}{N-1} .$$

Mit den Umformungen

$$\frac{d_p^2}{k^2 \cdot \frac{p \cdot q}{N-1}} \geq \frac{N-n}{n-1} ,$$

$$(n-1) \cdot d_p^2 \geq (N-n) \cdot k^2 \cdot \frac{p \cdot q}{N-1} ,$$

$$n \cdot d_p^2 + n \cdot k^2 \cdot \frac{p \cdot q}{N-1} \geq d_p^2 + N \cdot k^2 \cdot \frac{p \cdot q}{N-1}$$

erhalten wir

$$(3.4.7) \qquad n \geq \frac{d_p^2 + N \cdot k^2 \cdot \frac{p \cdot q}{N-1}}{d_p^2 + k^2 \cdot \frac{p \cdot q}{N-1}} ,$$

was man wegen N-1 ≅ N annähern kann mit

$$(3.4.8) \qquad n \geq \frac{d_p^2 + k^2 \cdot p \cdot q}{d_p^2 + \frac{k^2 \cdot p \cdot q}{N}} .$$

Für sehr große Umfänge N der Grundgesamtheit geht (3.4.8) in (3.3.8) über, da dann der Ausdruck $\frac{k^2 \cdot p \cdot q}{N}$ im Nenner von (3.4.8) gegen Null strebt.

Beispiel: Im Videorecorder-Beispiel aus Abschnitt 3.3 rechnen wir für die Grundgesamtheit bundesrepublikanischer Haushalte mit einem N von ungefähr $2 \cdot 10^7$. Setzen wir in (3.4.3) die früheren Angaben $d_p = 0{,}01$ und $k = 2$ ein, so erhält man mit $n \geq 9.995{,}0025$ einen Stichprobenumfang von 9.996 Haushalten, der sich für diesen ungünstigsten Fall nicht allzu sehr von dem für "Ziehen mit Zurücklegen" unterscheidet.

Mit einem aus der Voruntersuchung stammenden Anteil $p = 0{,}2$ errechnet man mit (3.4.7) einen Stichprobenumfang, der von dem für "Ziehen mit Zurücklegen" kaum abweicht, da die hier betrachtete Grundgesamtheit sehr groß ist. Dagegen errechnet sich für eine Grundgesamtheit mit N = 10.000 Haushalten mit (3.4.3) ein Wert $n \geq 5.000{,}25$, d.h. eine Stichprobe vom Umfang n = 5.001 würde dann einem Auswahlsatz von rd. 0,5 entsprechen. Hier macht es sich also schon bemerkbar, daß diese Grundgesamtheit klein ist relativ zur Grundgesamtheit bundesrepublikanischer Haushalte im obigen Fall.

3.5. Relative Genauigkeit

Statt einer absoluten Genauigkeit $d_{\bar{x}}$ der Stichprobenuntersuchung gibt man sich in der Praxis öfter die relative Genauigkeit

$$(3.5.1) \qquad \frac{d_{\bar{x}}}{\mu}$$

vor, d.h. bezieht die absolute Genauigkeit eigentlich auf den Mittelwert der Grundgesamtheit. Da dieser durch das Stichprobenmittel $\bar{x}$ erwartungstreu geschätzt werden kann, bezieht man die Genauigkeit auf $\bar{x}$, betrachtet also

$$(3.5.2) \qquad r_{\bar{x}} = \frac{d_{\bar{x}}}{\bar{x}}$$

als relative Genauigkeit.

Wenn wir beide Seiten von Gleichung (3.1.1) durch $\bar{x}$ dividieren, erhalten wir

$$(3.5.3) \qquad r_{\bar{x}} = \frac{d_{\bar{x}}}{\bar{x}} = k \cdot \frac{\frac{\sigma}{\bar{x}}}{\sqrt{n}} .$$

Daraus folgt

$$(3.5.4) \qquad n = \frac{k^2 \cdot (\frac{\sigma}{\bar{x}})^2}{(\frac{d_{\bar{x}}}{\bar{x}})^2} .$$

Ist σ^2 unbekannt, wird es erwartungstreu durch die modifizierte Stichprobenvarianz $\tilde{s}^2$ geschätzt. Der unbekannte Variationskoeffizient der Grundgesamtheit $VA = \frac{\sigma}{\mu}$ wird dann geschätzt mit dem Variationskoeffizienten der Stichprobe $va = \frac{s}{\bar{x}}$, so daß wir mit

$$(3.5.5) \qquad n = (\frac{k \cdot va}{r_{\bar{x}}})^2$$

den Stichprobenumfang bestimmen können. Entsprechende Überlegungen können für den homograden Fall bzw. für das Schema "Ziehen ohne Zurücklegen" angestellt werden.

<u>Beispiel:</u> In einer Untersuchung wird eine relative Genauigkeit von 1% angestrebt. Der Variationskoeffizient der Stichprobe ergab den Wert 0,5. Das Konfidenzniveau wird auf 95% festgelegt. Wie groß sollte der Stichprobenumfang gewählt werden, wenn "Ziehen mit Zurücklegen" verwendet wird?

Einsetzen der Werte $k = 1{,}96$, $va = 0{,}5$ und $r_{\bar{x}} = 0{,}01$ in (3.5.5) ergibt

$$n = \frac{1{,}96^2 \cdot 0{,}5^2}{0{,}01^2} = 98^2 = 9604$$

d.h. aus den Angaben errechnet sich als Untergrenze des Stichprobenumfangs ein Wert von 9604 zu untersuchenden Einheiten.

Übungsaufgaben

3.1. Welche Planungskonsequenzen ergeben sich aus der Formel für den Stichprobenumfang im reinen Zufallsmodell? (Ziehen mit Zurücklegen)

3.2. Lösen Sie die Formel für die Genauigkeit $d_{\bar{x}}$ im reinen Zufallsmodell mit "Ziehen ohne Zurücklegen"

$$d_{\bar{x}} = k \cdot \frac{\sigma}{\sqrt{n}} \cdot \sqrt{\frac{N-n}{N-1}}$$

nach n auf. Wie verändert sich der Stichprobenumfang im Vergleich zum "Ziehen mit Zurücklegen"?

3.3. Aufgrund einer Zufallsstichprobe soll die durchschnittliche Körpergröße der Bewohner eines Landes geschätzt werden, wobei eine Genauigkeit von 2 cm gefordert wird. Aus einer früheren Untersuchung ergab sich eine Standardabweichung der Körpergröße des Durchschnittsbürgers von 20 cm. Wie groß sollte der Stichprobenumfang mindestens sein (Ziehen mit Zurücklegen) bei einem Konfidenzniveau von
a) 95%,
b) 99% ?

3.4. In einer Untersuchung wird eine relative Genauigkeit von 2% angestrebt. Der Variationskoeffizient der Stichprobenwerte liegt bei 20%. Das Konfidenzniveau wurde auf 99,9% festgelegt. Wie groß sollte der Stichprobenumfang sein?

Weiterführende Literatur

Hansen-Hurwitz-Madow [1953I]
Deming [1957]
Cochran [1972]
UN [1972
Jessen [1978]

4. Kapitel
Technische Varianten der Zufallsauswahl

Wie wir bisher gesehen haben, ließe sich das reine Zufallsprinzip so realisieren, daß für jede der z.B. durch fortlaufende Numerierung identifizierbaren Einheiten der Grundgesamtheit eine Kugel mit gleicher Nummer in eine riesige Urne gelegt, sodann diese Kugeln gemischt und n dieser Kugeln gezogen und die Nummern notiert würden. Alternativ könnte man mittels einer Tabelle von Zufallszahlen n Zahlen bestimmen, durch die die auszuwählenden Einheiten bestimmt wären.

Während Urnenziehungen sich für große Grundgesamtheiten weniger eignen, bestehen bei großen Stichproben auch kritische Einwände der Praktiker gegen das reine Zufallsprinzip auf der Basis von Zufallszahlen. Man möchte zwar die Vorteile des reinen Zufallsprinzips (insbesondere die Unabhängigkeit der Ziehungen) nutzen, ohne einen unverhältnismäßig großen Aufwand betreiben zu müssen. So gibt es verschiedene Bemühungen, die reine Zufallsauswahl durch technische Modifikationen in ihrer praktischen Handhabung zu vereinfachen.

Eine dieser technischen Varianten der Zufallsauswahl ist die systematische Auswahl, die auch unter dem Namen periodische Auswahl bekannt ist. Wie bei der reinen Zufallsauswahl sind die Einheiten der Grundgesamtheit durch Numerierung identifizierbar, z.B. die Bewohner einer Gemeinde aufgrund einer Einwohnerkartei oder einer auf Magnetband gespeicherten Datei. Die Auswahl der Einheiten erfolgt nicht durch Zufallsziehungen, sondern verfolgt, wie der Name schon sagt, ein System, in dem jede k-te Einheit der vorliegenden Numerierung ausgewählt wird, wobei $k = \frac{1}{f} = \frac{N}{n}$. Somit ist k der Kehrwert des Auswahlsatzes f, wenn n wieder den Stichprobenumfang und N den Umfang der Grundgesamtheit bezeichnen. Als Starteinheit dient eine der ersten k Einheiten, die zufällig ausgewählt wird.

Beispiel: Sollen in einer Gemeinde mit N = 8.000 Einwohnern in einer Untersuchung über die Wohnverhältnisse n = 400 Einwohner befragt werden, so entspricht dies einem Auswahlsatz von $f = \frac{400}{8.000} = 0{,}05 = 5\%$, d.h. jeder 20. Einwohner wird befragt. In der Liste der 8.000 Einwohner, die fortlaufend durchnumeriert ist, wählt man als Starteinheit einen der ersten 20 Einwohner, z.B. den mit der Nummer 18 zufällig aus, was bedeutet, daß dann die Einwohner mit den Nummern 38, 58, 78, ..., 7998 mit ihm in die Stichprobe gelangen.

Da es sich lediglich um eine technische Modifikation der reinen Zufallsauswahl handelt, sind Substitutionen nicht zulässig, d.h. im betrachteten Beispiel darf man nicht anstelle eines nicht angetroffenen Einwohners seinen Nachbarn in die Stichprobe hereinnehmen.

Eine Variante der systematischen Auswahl besteht darin, daß zunächst die Einheiten nach einem Merkmal der Größe nach angeordnet werden, bevor jede k-te Einheit ausgewählt wird. Hierdurch wird sichergestellt, daß alle Größenklassen repräsentiert werden und die Größenklassen mit starker Besetzung in der Grundgesamtheit auch in der Stichprobe stärker vertreten sind. So könnte man in einer Untersuchung bestimmter Handwerksbetriebe diese aufgrund verfügbarer Daten nach der Anzahl der Beschäftigten anordnen und dann systematisch auswählen.

Der praktische Vorteil der systematischen Auswahl ist in ihrer Einfachheit begründet, die wegen der Überschaubarkeit der Auswahl zugleich die Kontrolle der Ergebnisse erleichtert. Die Periodizität der Auswahl ist jedoch nicht ungefährlich, wenn die ausgewählten (bzw. angeordneten) Einheiten ihrerseits Periodizitäten aufweisen. Wird z.B. in einer Stadt mit einem regelmäßigen Straßenbild jedes 20. Haus erfaßt und gelangen hierbei übermäßig viele Eckhäuser in die Stichprobe, so kann es sein, daß in ihr Geschäftsinhaber und Freiberufler überrepräsentiert sind. Eine Periodizität der Anordnung ergibt sich beispielsweise, wenn in Haushaltslisten zunächst die Familienoberhäupter und dann die restlichen Familienmitglieder eingetragen werden.

Zu den technischen Varianten der Zufallsauswahl zählen auch (vgl. Menges [1982], S. 103f):

Punktstichproben,
Linienstichproben,
Routenstichproben und
Flächenstichproben.

Diesen Varianten ist gemeinsam, daß man auf die geographischen Besonderheiten der auszuwählenden Einheiten zurückgreift und somit Landkarten als Erhebungsrahmen benutzt.

In einer Punktstichprobe grenzt man das zu erhebende Gebiet auf einer Landkarte ab und wählt zufällig einen Punkt auf dieser Landkarte aus, wodurch die zunächst gelegene Erhebungseinheit in die Stichprobe gelangt. Der Stichprobenumfang bestimmt somit die Anzahl der zufällig zu bestimmenden Punkte.

Eine Linienstichprobe besteht darin, daß man auf der Landkarte durch das zu untersuchende Gebiet zufällig (z.B. parallele) Linien zieht und alle Einheiten erfaßt, die auf dieser Karte von diesen Linien berührt werden (z.B. landwirtschaftlich genutzte Grundstücke).

Die Routenstichprobe erfaßt alle Einheiten entlang einer bestimmten ausgewählten Route (z.B. ein Handelsweg in einem unterentwickelten Land oder alle Siedlungen an einem Urwaldfluß). In einem ansonsten unwegsamen Gebiet kann dies zugleich als Erleichterung für den Interviewer angesehen werden.

Für Flächenstichproben kann man Planquadrate bzw. Rechtecke gleicher Größe einer Landkarte durchnumerieren und für zufällig ausgewählte Flächen die Befragung der dort Ansässigen durchführen.

Es ist unmittelbar einsichtig, daß diese Stichproben nur so gut sein können wie die zugrundegelegten Landkarten. Eine Erhebungseinheit, die in einer veralteten Landkarte nicht eingetragen ist, wird am grünen Tisch übergangen. Entsprechend enthalten veraltete Landkarten Erhebungseinheiten (z.B. Wohnhäuser und Industriebauten), die nicht mehr existieren. Das Ergebnis einer Routenstichprobe kann nicht repräsentativ für die zu untersuchende Grundgesamtheit sein, wenn die ökonomischen und sozialen Verhältnisse entlang einer Handelsroute von denen des Hinterlandes und der restlichen Landesteile stark abweichen.

Die hier besprochenen technischen Varianten der Zufallsauswahl stellen einen Kompromiß dar zwischen den strengen Prinzipien der reinen Zufallsauswahl und den Bedürfnissen der Praxis. Die Entfernung vom Modell der reinen Zufallsauswahl ist dabei schon so groß, daß eine zufriedenstellende Fehlerrechnung auf der Basis von Wahrscheinlichkeitsmodellen nicht mehr möglich ist. Zumindest die systematische Auswahl kann erfolgreich zur Schätzung von Erwartungswerten und Hochrechnungen eingesetzt werden. Dies mag unter geeigneten Bedingungen auch für die Flächenstichprobe zutreffen, wenn die Landkarte zuverlässige Informationen über die Grundgesamtheit und ihre Einheiten liefert.

Die im nächsten Kapitel besprochene Schichtenbildung ist eigentlich auch eine technische Modifikation der Zufallsauswahl und damit ebenfalls eine Annäherung an die Bedürfnisse der Praxis. Im Unterschied zu den in diesem Kapitel betrachteten Auswahlverfahren lassen sich jedoch für Schichtenmodelle zugehörige Wahrscheinlichkeitsmodelle finden, die eine exakte Fehlerrechnung gestatten.

Übungsaufgaben

4.1. Welche technischen Varianten der Zufallsauswahl kennen Sie?

4.2. Was versteht man unter der systematischen Auswahl? Welche Vorzüge bzw. Nachteile hat sie gegenüber der Zufallsauswahl?

Weiterführende Literatur

Menges [1959]
Cochran [1972]
Menges-Skala [1973]
Jessen [1978]
Menges [1982]

5. Kapitel
Schichtenbildung

5.1. Allgemeines

Die Grundgesamtheit läßt sich aufgrund eines Merkmals (z.B. eines soziologischen oder erwerbsstatistischen Merkmals) oft in verschiedene Klassen (man spricht in diesem Zusammenhang von Schichten) untergliedern. Häufig werden auch geographische Merkmale zur Schichtenbildung herangezogen. So bildet der Hauptwohnsitz nach Bundesländern ein solches Merkmal mit disjunkten Modalitäten, das gern zur Schichtenbildung verwendet wird. Zur Schichtenbildung (engl. stratification, stratified sampling) eignen sich beispielsweise auch die Merkmale Alter, Geschlecht, Konfession und Familienstand, so daß jede Gruppe mit gleicher Modalität als Schicht angesehen werden kann.

Die Schichtung kann als Urnenmodell dargestellt werden durch S Urnen, wobei N_s , $s = 1, \ldots, S$, die Anzahl der Kugeln in der s-ten Urne bezeichnet. Die Gesamtziehung setzt sich zusammen aus den Einzelziehungen aus den verschiedenen Urnen, wobei jede Urne eine Schicht vertritt.

Werden untersuchte Einheiten erhebungstechnisch in Schichten zusammengefaßt, so können sich zumeist Kostenvorteile gegenüber der reinen Zufallsauswahl ergeben. Sofern die Einheiten in den Schichten homogen sind und aufgrund dieser Gleichartigkeit der Schichteninhalte Unterschiede zwischen den Schichten erkennbar werden, ergibt sich ein positiver Schichtungseffekt in Bezug auf die Genauigkeit der Stichprobenuntersuchung. Die Schichtenbildung sollte also darauf abzielen, in den einzelnen Schichten möglichst homogene Einheiten zusammenzufassen und damit die Heterogenität zwischen den Schichten herauszuarbeiten. Die Anwendung der Schichtenmodelle in der Praxis setzt natürlich voraus, daß man vor der Auswahl der Einheiten wissen muß, zu welcher Schicht diese Einheit gehört. Im Vergleich zur reinen Zufallsauswahl ist also zusätzlich die Kenntnis der empirischen Verteilung des schichtenbildenden Merkmals erforderlich. Durch die Kombination zweier oder mehrerer schichtenbildender Merkmale und ihrer Modalitäten lassen sich Schichten bilden, die den praktischen Bedürfnissen näher kommen, da sie quantitativ und qualitativ eine größere Vielfalt bieten können. Für die formalen Herleitungen, für die allein die Anzahl S der Schichten von Bedeutung ist, genügt jedoch die vereinfachende Vorstellung, daß diese Schichten aus einem einzigen schichtenbildenden Merkmal hervorgegangen sind.

Bezeichnen wir also mit

S = Anzahl der Schichten,
N = Umfang der Grundgesamtheit,
n = Stichprobenumfang,
N_s = Anzahl der Einheiten der s-ten Schicht in der Grundgesamtheit ($s = 1, \ldots, S$) und
n_s = Anzahl der in der Stichprobe erfaßten Einheiten der s-ten Schicht ($s = 1, \ldots, S$)

so gilt

$$(5.1.1) \qquad N = \sum_{s=1}^{S} N_s$$

sowie

$$(5.1.2) \qquad n = \sum_{s=1}^{S} n_s .$$

Weiter bezeichnen wir mit

x_{si} = Merkmalswert der i-ten Einheit in der s-ten Schicht der Stichprobe ($i = 1, \ldots, n_s$)

und erhalten dann als Mittelwert der Stichprobenwerte der s-ten Schicht

$$(5.1.3) \qquad \bar{x}_s = \frac{1}{n_s} \sum_{i=1}^{n_s} x_{si} \qquad\qquad s = 1, \ldots, S$$

und den Stichprobenmittelwert

$$(5.1.4) \qquad \bar{x} = \frac{1}{n} \sum_{s=1}^{S} n_s \cdot \bar{x}_s$$

als das mit den Besetzungszahlen n_s der Schichten in der Stichprobe gewogene arithmetische Mittel der Schichtenmittelwerte x_s.

Wegen (5.1.3) gilt auch

$$(5.1.5) \qquad n_s \cdot \bar{x}_s = \sum_{i=1}^{n_s} x_{si} ,$$

was man in (5.1.4) einsetzen kann, so daß man

$$(5.1.6) \qquad \bar{x} = \frac{1}{n} \sum_{s=1}^{S} \sum_{i=1}^{n_s} x_{si}$$

erhält.

Als Hochrechnung von den Einheiten x_{si} mit $i = 1, \ldots, n_s$ und $s = 1, \ldots, S$ auf die Summe X der Merkmalswerte aller Einheiten der Grundgesamtheit nutzt man die Kenntnis der Mittelwerte $\bar{x}_s$ der einzelnen Schichten zur Schätzung

$$(5.1.7) \qquad \hat{X} = \sum_{s=1}^{S} N_s \cdot \bar{x}_s$$

$$= \sum_{s=1}^{S} \frac{N_s}{n_s} \cdot \sum_{i=1}^{n_s} x_{si} \qquad \text{(wegen (5.1.3))}$$

$$= \sum_{s=1}^{S} \frac{N_s}{n_s} \cdot x_s$$

$$= \sum_{s=1}^{S} \frac{x_s}{f_s} ,$$

wobei

$$x_s = \sum_{i=1}^{n_s} x_{si} \qquad s = 1, \ldots, S$$

die Summe der Merkmalswerte der s-ten Schicht darstellt und $f_s = n_s/N_s$ der Auswahlsatz der s-ten Schicht ist.

Somit kann man den Erwartungswert μ der Grundgesamtheit schätzen mit $\hat{\mu} = \hat{X}/N$, also mit

$$(5.1.8) \qquad \hat{\mu} = \frac{1}{N} \sum_{s=1}^{S} N_s \cdot \bar{x}_s$$

$$= \frac{1}{N} \sum_{s=1}^{S} \frac{N_s}{n_s} \cdot \sum_{i=1}^{n_s} x_{si}$$

$$= \frac{1}{N} \sum_{s=1}^{S} \frac{N_s}{n_s} \cdot x_s$$

$$= \frac{1}{N} \sum_{s=1}^{S} \frac{x_s}{f_s} .$$

Bezeichnet man den Anteil der s-ten Schicht in der Grundgesamtheit mit $\pi_s = N_s/N$, so kann man für die Schätzung (5.1.8) auch schreiben

$$(5.1.9) \qquad \hat{\mu} = \sum_{s=1}^{S} \pi_s \cdot \bar{x}_s ,$$

d.h. als Schätzung des Erwartungswerts μ der Grundgesamtheit nimmt man das mit den Grundgesamtheitsanteilen π_s gewogene Mittel der Schichtenstichprobenmittelwerte $\bar{x}_s$. Tatsächlich gilt nämlich in der Grundgesamtheit

$$(5.1.10) \qquad \mu = \sum_{s=1}^{S} \pi_s \cdot \mu_s$$

mit

$$\mu_s = \frac{1}{N_s} \sum_{i=1}^{N_s} X_{si}$$

als Mittelwert der Einheiten der s-ten Schicht in der Grundgesamtheit, wenn X_{si} den Merkmalswert der i-ten Einheit der s-ten Schicht in der Grundgesamtheit darstellt.

Beispiel: Wir betrachten zur Veranschaulichung der Hochrechnung (5.1.7) eine geschichtete Stichprobe, mit der die Summe der monatlichen Ausgaben der Bundesbürger für Kinobesuche geschätzt werden soll, wobei eine Schichtung nach Bundesländern erfolgt. Verwendet man eine alphabetische Anordnung der Bundesländer, so steht $\bar{x}_1$ für die in der Stichprobe ermittelten durchschnittlichen Ausgaben der Kinobesucher aus Baden-Württemberg, $\bar{x}_2$ für die entsprechende Größe der Kinobesucher aus Bayern usw. und schließlich $\bar{x}_{11}$ für die entsprechende Größe der Kinobesucher aus Schleswig-Holstein. Nun multipliziert man $\bar{x}_1$ mit der bekannten Anzahl der Einwohner Baden-Württembergs, $\bar{x}_2$ mit der Anzahl der Einwohner Bayerns usw. und schließlich $\bar{x}_{11}$ mit der Anzahl der Einwohner Schleswig-Holsteins. Die Summe dieser Produkte ist eine verläßlichere Schätzung der Gesamtausgaben der Bundesbürger für Kinobesuche als die Multiplikation des in (5.1.4) definierten Stichprobenmittelwertes $\bar{x}$ mit N, der Anzahl der Bundesbürger.

In Gleichung (5.1.8) würden wir die soeben ermittelte Hochrechnung durch N dividieren, um damit eine aussagefähige Schätzung der durchschnittlichen (monatlichen) Ausgaben der Bundesbürger für Kinobesuche zu erhalten. Auch hier ist dieser ermittelte Wert zuverlässiger als der Stichprobenmittelwert $\bar{x}$, der nur die durchschnittlichen Ausgaben der in die Stichprobe gelangten Personen aller Bundesländer erfassen kann, ohne - wie in Gleichung (5.1.8) geschehen - die Anteile der Bevölkerung der einzelnen Bundesländer explizit zu berücksichtigen.

In unserem Schichtenmodell ist die Varianz der Einheiten in der Grundgesamtheit (Gesamtvarianz) definiert durch

$$(5.1.11) \qquad \sigma^2 = \frac{1}{N} \sum_{s=1}^{S} \sum_{i=1}^{N_s} (X_{si} - \mu)^2$$

mit
$$\mu = \frac{1}{N} \sum_{s=1}^{S} N_s \cdot \mu_s = \frac{1}{N} \sum_{s=1}^{S} \sum_{i=1}^{N_s} X_{si} ,$$

wobei der Erwartungswert μ sich aus (5.1.10) durch Einsetzen von $\pi_s = N_s/N$ ergibt.

Die Varianz der Einheiten in der s-ten Schicht der Grundgesamtheit, diesmal bezogen auf den Mittelwert der Einheiten der s-ten Schicht μ_s , ist definiert durch

$$(5.1.12) \qquad \sigma_s^2 = \frac{1}{N_s} \sum_{i=1}^{N_s} (X_{si} - \mu_s)^2 .$$

σ_s^2 mißt also die Varianz innerhalb der s-ten Schicht, so daß es bei S Schichten S dieser Variationsmaße gibt, die anzeigen können, wie homogen die Einheiten der jeweiligen Schichten tatsächlich sind, da sich homogene Einheiten durch eine verhältnismäßig geringe Variation auszeichnen.

Die Varianz zwischen den Schichten wird definiert durch

$$(5.1.13)\quad \sigma_z^2 = \frac{1}{N}\sum_{s=1}^{S} N_s\cdot(\mu_s - \mu)^2 ,$$

wofür wir auch schreiben können

$$\sigma_z^2 = \sum_{s=1}^{S} \pi_s\cdot(\mu_s - \mu)^2 ,$$

d.h. die quadratische Abweichung der Schichtenmittel μ_s von ihrem Erwartungswert μ wird in der Grundgesamtheit mit den Schichtenanteilen π_s gewichtet. Je größer also die Heterogenität der Schichten untereinander ist, desto größere Werte wird σ_z^2 annehmen.

Wir wollen nun eine algebraische Beziehung zwischen diesen drei Varianzformeln der Grundgesamtheit herleiten. Durch Einfügen von $\mu_s - \mu_s = 0$ in (5.1.11) gewinnen wir

$$\sigma^2 = \frac{1}{N}\sum_{s=1}^{S}\sum_{i=1}^{N_s}[(X_{si} - \mu_s) + (\mu_s - \mu)]^2 .$$

Die Auflösung des Binoms in der eckigen Klammer ergibt

$$(5.1.14)\quad \sigma^2 = \frac{1}{N}\sum_{s=1}^{S}\sum_{i=1}^{N_s}(X_{si}-\mu_s)^2 + \frac{1}{N}\sum_{s=1}^{S}\sum_{i=1}^{N_s}(\mu_s-\mu)^2$$
$$+ \frac{2}{N}\sum_{s=1}^{S}\sum_{i=1}^{N_s}(X_{si}-\mu_s)\cdot(\mu_s-\mu) .$$

Für den ersten Ausdruck auf der rechten Seite von (5.1.14) erhalten wir

$$\frac{1}{N}\sum_{s=1}^{S}\sum_{i=1}^{N_s}(X_{si}-\mu_s)^2 = \frac{1}{N}\sum_{s=1}^{S} N_s\cdot\sigma_s^2$$

aufgrund von (5.1.12), wo wir beide Seiten der Gleichung mit N_s multiplizieren können.

Für den zweiten Ausdruck auf der rechten Seite von (5.1.14) erhalten wir σ_z^2 wegen

$$\sum_{i=1}^{N_s} (\mu_s-\mu)^2 = N_s \cdot (\mu_s-\mu)^2 ,$$

da das bezüglich i konstante Binom N_s-mal summiert wird.

Der dritte Ausdruck auf der rechten Seite von (5.1.14) verschwindet

$$\frac{2}{N} \sum_{s=1}^{S} \sum_{i=1}^{N_s} (X_{si}-\mu_s)(\mu_s-\mu) = \frac{2}{N} \sum_{s=1}^{S} (\mu_s-\mu) \cdot \sum_{i=1}^{N_s} (X_{si}-\mu_s) = 0,$$

da der letzte Faktor verschwindet:

$$\sum_{i=1}^{N_s} (X_{si}-\mu_s) = \sum_{i=1}^{N_s} X_{si} - N_s \cdot \mu_s = N_s \cdot \mu_s - N_s \cdot \mu_s = 0$$

wie man sieht, wenn man in der Definition von μ_s (nach Gleichung (5.1.10)) beide Seiten der Gleichung mit dem Wert von N_s multipliziert.

Mithin gewinnen wir aus (5.1.14) die gesuchte Beziehung zwischen den drei Varianzformeln als

$$(5.1.15) \qquad \sigma^2 = \frac{1}{N} \sum_{s=1}^{S} N_s \cdot \sigma_s^2 + \sigma_z^2 ,$$

wofür wir mit dem Anteil $\pi_s = N_s/N$ der s-ten Schicht in der Grundgesamtheit auch schreiben dürfen

$$(5.1.16) \qquad \sigma^2 = \sum_{s=1}^{S} \pi_s \cdot \sigma_s^2 + \sum_{s=1}^{S} \pi_s \cdot (\mu_s-\mu)^2 .$$

In der Formulierung (5.1.16) erkennt man deutlicher, daß sowohl die Varianz in den jeweiligen Schichten als auch die quadratische Abweichung der Schichtenmittelwerte von ihrem Erwartungswert in der Grundgesamtheit mit den Schichtanteilen π_s gewichtet werden, so daß ihre Summe die Gesamtvarianz ergibt. Anders gewendet, zeigt (5.1.16), daß die Gesamtvarianz in zwei Komponenten zerlegt werden kann, nämlich in eine gewogene interne Streuung und in eine gewogene externe (quadratische) Abweichung der Schichtenmittelwerte von ihrem Erwartungswert.

Wie wir gesehen haben, verwendet man die Schichtenmittel $\bar{x}_s$ (siehe Gleichung (5.1.3)) zur Schätzung des unbekannten Erwartungswerts μ aller Einheiten durch

$$(5.1.8) \qquad \hat{\mu} = \frac{1}{N} \sum_{s=1}^{S} N_s \cdot \bar{x}_s \; .$$

Werden die Ziehungen in den Schichten unabhängig nach dem Schema "Ziehen ohne Zurücklegen" vorgenommen, so gilt analog zu Satz 2.5.3 für die Varianz der Schichtenmittel

$$(5.1.17) \qquad V(\bar{x}_s) = \frac{\sigma_s^2}{n_s} \cdot \frac{N_s - n_s}{N_s - 1} \qquad s = 1, \ldots, S.$$

Aufgrund der für Zufallsstichproben angenommenen Unabhängigkeit der Ziehungen gilt dann für die Varianz der Schätzung $\hat{\mu}$

$$(5.1.18) \qquad V(\hat{\mu}) = V\left(\frac{1}{N} \sum_{s=1}^{S} N_s \cdot \bar{x}_s\right) = \frac{1}{N^2} \cdot V\left(\sum_{s=1}^{S} N_s \cdot \bar{x}_s\right)$$

$$= \frac{1}{N^2} \sum_{s=1}^{S} V(N_s \cdot \bar{x}_s) = \frac{1}{N^2} \sum_{s=1}^{S} N_s^2 \cdot V(\bar{x}_s) \; .$$

Einsetzen von (5.1.17) in (5.1.18) ergibt

$$(5.1.19) \qquad V(\hat{\mu}) = \frac{1}{N^2} \sum_{s=1}^{S} N_s^2 \cdot \frac{\sigma_s^2}{n_s} \cdot \frac{N_s - n_s}{N_s - 1} \; .$$

Für große Umfänge N_s der Schichten kann man $N_s - 1$ im Nennerausdruck von (5.1.19) durch N_s ersetzen, so daß sich dann angenähert ergibt (vgl. Cochran [1972], S. 115)

$$(5.1.20) \qquad V(\hat{\mu}) \cong \frac{1}{N^2} \sum_{s=1}^{S} N_s \cdot (N_s - n_s) \cdot \frac{\sigma_s^2}{n_s}$$

Kann der Korrekturfaktor für die einzelnen Schichten vernachlässigt werden (Ziehen mit Zurücklegen), so vereinfacht sich (5.1.19) zu

$$(5.1.21) \qquad V(\hat{\mu}) = \frac{1}{N^2} \sum_{s=1}^{S} N_s^2 \cdot \frac{\sigma_s^2}{n_s}$$

$$= \sum_{s=1}^{S} \pi_s^2 \cdot \frac{\sigma_s^2}{n_s} \qquad \text{mit } \pi_s = \frac{N_s}{N} \; .$$

Die unbekannte Varianz σ_s^2 in der s-ten Schicht der Grundgesamtheit (siehe (5.1.12)) läßt sich mit den Stichprobeninformationen erwartungstreu schätzen (vgl. UN [1972], S. 127) durch

$$(5.1.22) \quad \tilde{s}_s^2 = \frac{1}{n_s - 1} \sum_{i=1}^{n_s} (x_{si} - \bar{x}_s)^2 \qquad s = 1, \ldots, S,$$

wobei die Schichtenmittel $\bar{x}_s$ so definiert sind wie in (5.1.3). Um eine Schätzung von $V(\hat{\mu})$ zu erhalten, setzt man dann für "Ziehen mit Zurücklegen" diesen Wert für σ_s^2 in (5.1.21) bzw. für "Ziehen ohne Zurücklegen" entsprechend in (5.1.19) ein.

5.2. Proportionale Aufteilung

Unter proportionaler Aufteilung versteht man, daß in der Stichprobe die einzelnen Schichten im gleichen Verhältnis vertreten sind wie in der Grundgesamtheit. Das bedeutet in der im vorigen Abschnitt festgelegten Notation, daß

$$(5.2.1) \quad \frac{n_s}{n} = \frac{N_s}{N} = \pi_s \qquad s = 1, \ldots, S.$$

Kennt man also den prozentualen Anteil π_s einer Schicht in der Grundgesamtheit, so übernimmt man diesen Prozentsatz bei zuvor bestimmtem Stichprobenumfang n zur Bestimmung der Anzahl der in der Stichprobe zu erfassenden Einheiten der s-ten Schicht n_s. Die Schichtenanteile π_s der Grundgesamtheit werden somit in die Stichprobe übernommen. Nach einer Umformung von (5.2.1) sieht man mit

$$(5.2.2) \quad n_s = \frac{n}{N} \cdot N_s = f \cdot N_s \qquad s = 1, \ldots, S,$$

daß man die Anzahl der in der Stichprobe zu erfassenden Einheiten der s-ten Schicht n_s auch erhalten kann aus der mit dem Auswahlsatz $f = n/N$ multiplizierten Anzahl N_s der Einheiten dieser Schicht in der Grundgesamtheit.

Für jede Schicht läßt sich demnach n_s mit $\pi_s \cdot n$ oder mit (5.2.2) bestimmen.

Beispiel: In einer Grundgesamtheit mit 20 Millionen Haushalten seien vier Millionen Haushalte mit zwei Kindern enthalten. In einer Stichprobe, in der 2.000 Haushalte erfaßt werden sollen, sind bei proportionaler Aufteilung 400 Haushalte mit zwei Kindern auszuwählen. Der Auswahlsatz f beträgt somit 0,01%, die Zweikinderhaushalte sind in der Stichprobe wie in der Grundgesamtheit mit einem Anteil von 20% vertreten.

Wenn wir mit

$$(5.2.3) \qquad f_s = \frac{n_s}{N_s} \qquad\qquad s = 1, \ldots, S$$

den Auswahlsatz der s-ten Schicht definieren, so zeigt eine weitere Umformung von (5.2.2), daß

$$(5.2.4) \qquad f_s = f \qquad\qquad \text{für alle } s,$$

d.h. daß die Auswahlsätze aller Schichten identisch sind und mit dem Auswahlsatz f übereinstimmen.

Man bezeichnet die proportionale Auswahl als selbstgewichtend, weil durch den für alle Schichten konstanten Auswahlsatz f aus umfangreichen Schichten automatisch eine größere Anzahl von Einheiten in die Stichprobe gelangt als aus den weniger stark besetzten Schichten. Auch aus organisatorischen Gründen kann es für die praktische Arbeit und ihre Überwachung von Vorteil sein, daß ein einmal fixierter Auswahlsatz für alle Schichten gleichermaßen gilt, so daß die Verwendung eines fehlerhaften Auswahlsatzes durch Interviewer nicht so leicht vorkommt wie in komplizierteren Modellen.

Wie schon im vorigen Abschnitt dargelegt, setzt auch das Arbeiten mit der proportionalen Auswahl voraus, daß man die Umfänge N_s der einzelnen Schichten in der Grundgesamtheit schon vor Durchführung der Untersuchung kennt. Ansonsten gelten die definitorischen Beziehungen (5.1.1) bis (5.1.6) auch für die proportionale Aufteilung. Wegen (5.2.1) kann man für (5.1.4) auch schreiben

$$(5.2.5) \qquad \bar{x} = \sum_{s=1}^{S} \pi_s \cdot \bar{x}_s \ ,$$

wobei die $\bar{x}_s$ definiert sind wie in (5.1.3). An (5.1.6) erkennt man, daß für die optimale Aufteilung das Stichprobenmittel $\bar{x}$ gewonnen wird als ungewogenes arithmetisches Mittel der Beobachtungswerte x_{si} aus der Stichprobe, d.h. wie in einer Zufallsstichprobe erhält jeder beobachtete Wert dasselbe Gewicht.

Setzt man (5.2.4) in (5.1.7) ein, so erhält man als Hochrechnung der proportionalen Aufteilung

$$(5.2.6) \qquad \hat{X} = \sum_{s=1}^{S} \frac{x_s}{f} = \frac{1}{f} \sum_{s=1}^{S} x_s = \frac{1}{f} \sum_{s=1}^{S} \sum_{i=1}^{n_s} x_{si} = \frac{x}{f}$$

mit

$$(5.2.7) \qquad x = \sum_{s=1}^{S} \sum_{i=1}^{n_s} x_{si} \, .$$

Dividiert man also die Summe x der Merkmalswerte der Stichprobe durch den Auswahlsatz f, so erhält man bei proportionaler Aufteilung direkt die Hochrechnung für die Summe X der Merkmalswerte der Grundgesamtheit.

Entsprechend erhalten wir durch Einsetzen von (5.2.4) in (5.1.8)

$$(5.2.8) \qquad \hat{\mu} = \frac{1}{N} \sum_{s=1}^{S} \frac{x_s}{f} = \frac{1}{f \cdot N} \sum_{s=1}^{S} x_s = \frac{1}{n} \sum_{s=1}^{S} \sum_{i=1}^{n_s} x_{si} = \frac{x}{n} = \bar{x} \, .$$

Dies bedeutet, daß für die proportionale Aufteilung sich die Schätzung (5.1.8) für den unbekannten Erwartungswert μ zum Stichprobenmittel $\bar{x}$ vereinfacht.

Setzt man den in (5.2.2) bestimmten Wert n_s in die Formel

$$(5.1.19) \qquad V(\hat{\mu}) = \frac{1}{N^2} \sum_{s=1}^{S} N_s^2 \cdot \frac{\sigma_s^2}{n_s} \cdot \frac{N_s - n_s}{N_s - 1}$$

ein, so erhält man

$$(5.2.9) \qquad V(\hat{\mu}) = V(\bar{x}) = \frac{1}{N^2} \sum_{s=1}^{S} N_s^2 \cdot \frac{\sigma_s^2 \cdot N}{n \cdot N_s} \cdot \frac{N_s - \frac{n}{N} \cdot N_s}{N_s - 1} \, ,$$

wofür wir schreiben können

$$(5.2.10) \qquad V(\bar{x}) = \frac{1 - \frac{n}{N}}{N \cdot n} \sum_{s=1}^{S} \frac{N_s^2 \cdot \sigma_s^2}{N_s - 1} \, .$$

Für große Umfänge N_s der Schichten kann man N_s-1 im Nennerausdruck von (5.1.21) durch N_s ersetzen, so daß sich dann angenähert ergibt (vgl. Kellerer [1963], S. 95)

$$(5.2.11) \quad V(\bar{x}) \cong \frac{1-\frac{n}{N}}{N \cdot n} \sum_{s=1}^{S} N_s \cdot \sigma_s^2 \,.$$

Verfährt man nach dem Schema "Ziehen mit Zurücklegen", so entfällt der Korrekturfaktor in (5.1.19) und man erhält für die proportionale Auswahl

$$(5.2.12) \quad V(\bar{x}) = \frac{1}{N^2} \sum_{s=1}^{S} N_s^2 \cdot \frac{\sigma_s^2}{n_s} = \frac{1}{N \cdot n} \sum_{s=1}^{S} N_s \cdot \sigma_s^2 \quad \text{(wegen (5.2.2))}.$$

Sind die Varianzen σ_s^2 der einzelnen Schichten identisch, d.h. gilt $\sigma_s^2 = \sigma_c^2$ für alle Schichten s (s=1,...,S), so erkennen wir mit (5.1.16), daß diese konstante Varianz solange nicht mit der Gesamtvarianz σ^2 übereinstimmt, als die Schichtenmittel μ_s in den einzelnen Schichten unterschiedlich groß sind. Für identische Varianzen σ_s^2 und divergierende Schichtenmittel μ_s erhalten wir aus (5.2.11)

$$(5.2.13) \quad V(\bar{x}) \cong \frac{1-\frac{n}{N}}{N \cdot n} \sum_{s=1}^{S} N_s \cdot \sigma_c^2 = \frac{1-\frac{n}{N}}{N \cdot n} \cdot \sigma_c^2 \sum_{s=1}^{S} N_s = \frac{\sigma_c^2}{n} \cdot \left(1-\frac{n}{N}\right) \,.$$

Stimmen zusätzlich die Schichtenmittel μ_s mit dem Gesamtmittel μ überein, so gilt wegen (5.1.16) $\sigma^2 = \sigma_c^2$, so daß (5.2.13) in die Formel (2.5.3) für die Varianz des Stichprobenmittels im reinen Zufallsmodell übergeht(Ziehen ohne Zurücklegen).

Entsprechend gewinnt man für das Schema "Ziehen mit Zurücklegen" für konstante Varianzen $\sigma_s^2 = \sigma_c^2$ aus (5.2.12)

$$(5.2.14) \quad V(\bar{x}) = \frac{\sigma_c^2}{n}$$

und daraus für mit dem Gesamtmittel μ übereinstimmende Schichtenmittel μ_s die Formel (2.5.1) für die Varianz des Stichprobenmittels im reinen Zufallsmodell.

Um zu zeigen, wie bei proportionaler Aufteilung der Stichprobenumfang bestimmt wird, lösen wir für das Schema "Ziehen ohne Zurücklegen" (5.2.11) nach n auf. Wegen

$$(5.2.15)\quad V(\bar{x}) \cong \left(\frac{1}{N\cdot n} - \frac{1}{N^2}\right)\cdot \sum_{s=1}^{S} N_s\cdot\sigma_s^2$$

ergeben weitere Umformungen

$$\frac{1}{n\cdot N} \cong \frac{V(\bar{x})}{\sum_{s=1}^{S} N_s\cdot\sigma_s^2} + \frac{1}{N^2} = \frac{V(\bar{x}) + \frac{1}{N^2}\sum_{s=1}^{S} N_s\cdot\sigma_s^2}{\sum_{s=1}^{S} N_s\cdot\sigma_s^2},$$

$$n \cong \frac{\sum_{s=1}^{S} N_s\cdot\sigma_s^2}{N\cdot V(\bar{x}) + \frac{1}{N}\sum_{s=1}^{S} N_s\cdot\sigma_s^2}$$

und schließlich

$$(5.2.16)\quad n \cong \frac{N\cdot\sum_{s=1}^{S} N_s\cdot\sigma_s^2}{N^2\cdot V(\bar{x}) + \sum_{s=1}^{S} N_s\cdot\sigma_s^2}.$$

Wird die Genauigkeit der Stichprobenuntersuchung für asymptotisch normalverteiltes Stichprobenmittel (zentraler Grenzwertsatz) vorgegeben mit

$$(3.1.1)\quad d_{\bar{x}} = k\cdot\sigma_{\bar{x}},$$

so gewinnen wir wegen

$$d_{\bar{x}}^2 = k^2\cdot\sigma_{\bar{x}}^2 = k^2\cdot V(\bar{x})$$

und somit durch Einsetzen von

$$V(\bar{x}) = \frac{d_{\bar{x}}^2}{k^2}$$

aus (5.2.16)

$$(5.2.17)\quad n \cong \frac{k^2\cdot N\cdot\sum_{s=1}^{S} N_s\cdot\sigma_s^2}{N^2\cdot d_{\bar{x}}^2 + k^2\sum_{s=1}^{S} N_s\cdot\sigma_s^2}.$$

Wir bemerken, daß zur Bestimmung von n nun auch die Varianzen σ_s^2 der einzelnen Schichten bekannt sein müssen, bevor die geschichtete Stichprobe durchgeführt werden kann. Aufgrund von Probeuntersuchungen können diese Werte für die einzelnen Schichten abgeschätzt werden, bevor die eigentliche Untersuchung beginnt. Von der Güte dieser Abschätzungen hängt es dann ab, ob der Stichprobenumfang und hernach die über (5.2.2) bestimmten Anzahlen n_s der in der Stichprobe zu erfassenden Einheiten der einzelnen Schichten zutreffend gewählt werden.

5.3. Optimale Aufteilung

In diesem Ansatz werden die Kosten der Stichprobenerhebung berücksichtigt bei der Bestimmung des Stichprobenumfangs einer geschichteten Stichprobe. Mit diesem Problem hat sich zuerst Tschuprow [1923] befaßt, am bekanntesten ist die optimale Aufteilung in der Version von Neyman [1934].

Wir gehen davon aus (vgl. Cochran [1973], S. 120), daß die Gesamtkosten C einer geschichteten Stichprobe sich zusammensetzen aus den Fixkosten c_0 und den variablen Kosten c_s jeder Schicht s, die linear von den Stichprobenumfängen n_s der einzelnen Schichten abhängen:

$$(5.3.1) \qquad C = c_0 + \sum_{s=1}^{S} c_s \cdot n_s \ .$$

Für die nachfolgenden Betrachtungen sind die Gesamtkosten als Budget aufzufassen, das nicht überschritten werden darf, d.h. (5.3.1) kann als eine Budgetrestriktion Verwendung finden.

Die optimale Aufteilung besteht nun darin, die Varianz der Schätzung $\hat{\mu}$ (siehe Gleichung (5.1.20)) einer geschichteten Stichprobe

$$(5.3.2) \quad V(\hat{\mu}) \cong \frac{1}{N^2} \sum_{s=1}^{S} N_s \cdot (N_s - n_s) \cdot \frac{\sigma_s^2}{n_s}$$

$$= \frac{1}{N^2} \sum_{s=1}^{S} N_s^2 \cdot \frac{\sigma_s^2}{n_s} - \frac{1}{N^2} \sum_{s=1}^{S} N_s \cdot \sigma_s^2$$

bezüglich n_s zu minimieren, wobei die Budgetrestriktion (5.3.1) einzuhalten ist.

Die Differentiation der Lagrangefunktion (mit dem Lagrange-Multiplikator λ)

$$(5.3.3)\qquad \phi = \frac{1}{N^2}\sum_{s=1}^{S}\left(N_s^2\cdot\frac{\sigma_s^2}{n_s} - N_s\cdot\sigma_s^2\right) + \lambda\cdot\left(c_0 + \sum_{s=1}^{S} c_s\cdot n_s - C\right)$$

bezüglich der n_s ergibt

$$(5.3.4)\qquad \frac{\partial\phi}{\partial n_s} = -\frac{1}{N^2}\cdot N_s^2\cdot\frac{\sigma_s^2}{n_s^2} + \lambda\cdot c_s\,, \qquad s = 1, \ldots, S.$$

Im Minimum ist die 1. Ableitung (Steigung) der Lagrangefunktion gleich Null, so daß Nullsetzen von (5.3.4) ergibt

$$\frac{1}{n_s^2}\cdot\frac{N_s^2}{N^2}\cdot\sigma_s^2 = \lambda\cdot c_s \qquad s = 1, \ldots, S.$$

Aus der Umformung

$$n_s^2 = \frac{N_s^2}{N^2}\cdot\frac{\sigma_s^2}{\lambda\cdot c_s} \qquad s = 1, \ldots, S$$

folgt damit für das Minimum (die 2. Ableitung von (5.3.3) bezüglich n_s ist positiv)

$$(5.3.5)\qquad n_s = \frac{1}{N\sqrt{\lambda}}\cdot\frac{N_s\cdot\sigma_s}{\sqrt{c_s}} \qquad s = 1, \ldots, S.$$

Die Differentiation der Lagrangefunktion ϕ bezüglich des Lagrange-Multiplikators λ und Nullsetzen dieser 1. Ableitung im Minimum ergibt wieder unsere Budgetgleichung (5.3.1), wie sich der Leser durch Nachrechnen überzeugen kann.

Aufgrund der definitorischen Beziehung (5.1.2), die auch für das Schichtenmodell der optimalen Aufteilung gilt, erhalten wir aus (5.3.5)

$$(5.3.6)\qquad n = \sum_{s=1}^{S}\frac{N_s}{N}\cdot\frac{\sigma_s}{\sqrt{\lambda\cdot c_s}}$$

und durch Vorziehen der Konstanten vor das Summenzeichen

$$(5.3.7) \qquad n = \frac{1}{N\sqrt{\lambda}} \sum_{s=1}^{S} \frac{N_s \cdot \sigma_s}{\sqrt{c_s}} .$$

Für das Verhältnis des Stichprobenumfangs n_s der s-ten Schicht zum Stichprobenumfang n gilt also wegen (5.3.5) und (5.3.7)

$$(5.3.8) \qquad \frac{n_s}{n} = \frac{\dfrac{N_s \cdot \sigma_s}{\sqrt{c_s}}}{\sum\limits_{s=1}^{S} \dfrac{N_s \cdot \sigma_s}{\sqrt{c_s}}} \qquad s = 1, \ldots, S.$$

Die Formel (5.3.8) besagt, daß der Anteil n_s/n einer Schicht s am Stichprobenumfang n um so größer ausfallen muß, je größer der Anteil des Ausdrucks $N_s \cdot \sigma_s / \sqrt{c_s}$ dieser Schicht an der Summe dieser Ausdrücke ist, die über alle Schichten gebildet wird. Das heißt im einzelnen, daß der Anteil n_s/n der s-ten Schicht um so größer ist,

(1) je größer der Umfang N_s dieser Schicht in der Grundgesamtheit ist (direkte Proportionalität),

(2) je größer die Standardabweichung σ_s dieser Schicht in der Grundgesamtheit ist (direkte Proportionalität); hierbei ist σ_s die positive Quadratwurzel aus der Varianz σ_s^2 dieser Schicht,

(3) je kleiner die variablen Kosten c_s dieser Schicht sind.

Sind die variablen Kosten c_s der einzelnen Schichten identisch, d.h. gilt $c_s = c$ für alle $s = 1, \ldots, S$, so vereinfacht sich (5.3.1) zu

$$(5.3.9) \qquad C = c_0 + c \cdot \sum_{s=1}^{S} = c_0 + c \cdot n$$

und (5.3.8) zu

$$(5.3.10) \qquad \frac{n_s}{n} = \frac{N_s \cdot \sigma_s}{\sum\limits_{s=1}^{S} N_s \cdot \sigma_s} \qquad s = 1, \ldots, S.$$

Auflösen nach n_s ergibt in diesem Fall

$$(5.3.11)\quad n_s = n \cdot \frac{N_s \cdot \sigma_s}{\sum\limits_{s=1}^{S} N_s \cdot \sigma_s} \qquad s = 1, \ldots, S.$$

Für die Auswahlsätze der einzelnen Schichten gilt

$$(5.3.12)\quad f_s = \frac{n_s}{N_s} = \frac{n \cdot \sigma_s}{\sum\limits_{s=1}^{S} N_s \cdot \sigma_s} \qquad s = 1, \ldots, S.$$

Für die Varianz der Schätzung $\hat{\mu}$ der optimalen Aufteilung erhalten wir durch Einsetzen von (5.3.11) in (5.3.2)

$$V(\hat{\mu}) = \frac{1}{N^2} \sum_{s=1}^{S} N_s^2 \cdot \frac{\sigma_s^2 \cdot \sum\limits_{s=1}^{S} N_s \cdot \sigma_s}{n \cdot N_s \cdot \sigma_s} - \frac{1}{N^2} \sum_{s=1}^{S} N_s \cdot \sigma_s^2 ,$$

was wir kürzen können zu

$$V(\hat{\mu}) = \frac{1}{N^2} \sum_{s=1}^{S} \frac{N_s \cdot \sigma_s}{n} \cdot \left(\sum_{s=1}^{S} N_s \cdot \sigma_s \right) - \frac{1}{N^2} \sum_{s=1}^{S} N_s \cdot \sigma_s^2 ,$$

so daß eine weitere Umformung schließlich ergibt

$$(5.3.13)\quad V(\hat{\mu}) = \frac{1}{N^2 \cdot n} \cdot \left(\sum_{s=1}^{S} N_s \cdot \sigma_s \right)^2 - \frac{1}{N^2} \sum_{s=1}^{S} N_s \cdot \sigma_s^2$$

(vgl. auch Cochran [1972], S. 122).

Wie man mit (5.3.12) zeigen kann, führt die zusätzliche Annahme, daß die Varianzen σ_s^2 der einzelnen Schichten identisch sind, d.h. wenn $\sigma_s^2 = \sigma_c^2$ für $s = 1, \ldots, S$ gilt, zu (5.2.4). Diese Annahme und die zuvor getroffene Annahme identischer variabler Kosten c_s bewirken also, daß die optimale Aufteilung und die proportionale Aufteilung dann zum selben Ergebnis führen.

Kann für geschichtete Stichproben der Korrekturfaktor vernachlässigt werden, so führen bei optimaler Aufteilung identische variable Kosten c_s , wie man durch Einsetzen von (5.3.11) in (5.1.21) zeigen kann, zu

$$(5.3.14) \quad V(\hat{\mu}) = \frac{1}{N^2 \cdot n} \cdot \left(\sum_{s=1}^{S} N_s \cdot \dot{\sigma}_s \right)^2$$

(vgl. hierzu Kellerer [1963], S. 112).

Für die praktische Anwendung von Formel (5.3.11) der optimalen Aufteilung ist also die Kenntnis der Schichtenvarianzen σ_s^2 und der daraus gebildeten Standardabweichungen erforderlich. Zur Schätzung von σ_s^2 empfiehlt sich die Verwendung von

$$(5.3.15) \quad \tilde{s}_s^2 = \frac{1}{n_s - 1} \sum_{i=1}^{n_s} (x_{si} - \bar{x}_s)^2 \qquad s = 1, \ldots, S$$

als erwartungstreue Modifikation der entsprechenden Schichtenstichprobenvarianz, wobei $\bar{x}_s$ wieder definiert ist wie in (5.1.3).

5.4. Varianzenvergleich

In diesem Abschnitt sollen die Formeln für die Varianz der Schätzung $\hat{\mu}$ des Erwartungswerts verglichen werden für die drei Modelle der reinen Zufallsauswahl, der proportionalen Aufteilung und der optimalen Aufteilung.

Wie wir gesehen haben, verwenden wir in Schichtenmodellen zur Schätzung des Erwartungswerts μ die Formel (5.1.8), die sich für die proportionale Aufteilung in die des Stichprobenmittels $\bar{x}$ überführen läßt (siehe (5.2.8)), das auch in der reinen Zufallsauswahl als erwartungstreue Schätzung des Erwartungswerts Verwendung findet.

In der nachfolgenden Betrachtung wird das Schema "Ziehen mit Zurücklegen" zugrundegelegt, weswegen der Korrekturfaktor vernachlässigt werden kann. In Kendall-Stuart [1966], S. 181-182 findet man eine ähnliche Betrachtung, in der der Korrekturfaktor berücksichtigt wird.

In der reinen Zufallsauswahl, in der das Stichprobenmittel $\bar{x}$ als Schätzung $\hat{\mu}$ des Erwartungswerts μ verwendet wird, hat diese Schätzung die Varianz (vgl. Gleichung (2.5.1))

(5.4.1) $$V_Z(\hat{\mu}) = \frac{\sigma^2}{n} .$$

In der proportionalen Aufteilung, in der ebenfalls das Stichprobenmittel $\bar{x}$ als Schätzung $\hat{\mu}$ des Erwartungswerts μ verwendet werden kann, hat diese Schätzung die Varianz (vgl. Gleichung (5.2.12))

(5.4.2) $$V_P(\hat{\mu}) = \frac{1}{N \cdot n} \sum_{s=1}^{S} N_s \cdot \sigma_s^2 .$$

In der optimalen Aufteilung erhielten wir als Varianz der Schätzung $\hat{\mu}$ (vgl. Gleichung (5.3.14))

(5.4.3) $$V_O(\hat{\mu}) = \frac{1}{N^2 \cdot n} \cdot \left(\sum_{s=1}^{S} N_s \cdot \sigma_s \right)^2 .$$

Entsprechend einem Ansatz von Cochran [1972] greifen wir nun auf die Zerlegungsformel (5.1.15) zurück. In Verbindung mit (5.1.13) gilt nämlich für die Gesamtvarianz

(5.4.4) $$\sigma^2 = \frac{1}{N} \sum_{s=1}^{S} N_s \cdot \sigma_s^2 + \frac{1}{N} \sum_{s=1}^{S} N_s \cdot (\mu_s - \mu)^2 .$$

Dividieren wir beide Seiten dieser Gleichung durch n, so erhalten wir für (5.4.1)

(5.4.5) $$V_Z(\hat{\mu}) = V_P(\hat{\mu}) + \frac{1}{N \cdot n} \sum_{s=1}^{S} N_s \cdot (\mu_s - \mu)^2 .$$

Der zweite Summand in (5.4.5) ist positiv, wenn man von dem Extremfall absieht, daß alle Schichtenmittel μ_s in der Grundgesamtheit identisch sind und dann mit μ übereinstimmen. Damit ist gezeigt, daß die Varianz der reinen Zufallsauswahl größer ist als die der proportionalen Aufteilung, so daß die proportionale Aufteilung der reinen Zufallsauswahl überlegen ist für $\mu_s \neq \mu$ (für mindestens ein s).

Je stärker sich also die Schichtenmittel μ_s voneinander unterscheiden, um so größer sind die Vorteile einer proportionalen Aufteilung im Vergleich zu einer reinen Zufallsstichprobe, da der Zufallsfehler des Stichprobenmittelwertes auf diese Art und Weise geringer wird.

Zum Vergleich der proportionalen Aufteilung mit der optimalen Aufteilung bilden wir aus (5.4.2) und (5.4.3) die Differenz

$$(5.4.6) \qquad V_P(\hat{\mu}) - V_O(\hat{\mu}) = \frac{1}{N \cdot n}\left[\sum_{s=1}^{S} N_s \cdot \sigma_s^2 - \frac{1}{N}\left(\sum_{s=1}^{S} N_s \cdot \sigma_s\right)^2\right] .$$

Sind die Varianzen σ_s^2 der einzelnen Schichten identisch, d.h. gilt $\sigma_s^2 = \sigma_c^2$ für s = 1, ..., S, so erhalten wir für den Ausdruck in der eckigen Klammer

$$\sum_{s=1}^{S} N_s \cdot \sigma_c^2 - \frac{1}{N}\left(\sum_{s=1}^{S} N_s \cdot \sigma_c\right)^2 = \sigma_c^2 \cdot \sum_{s=1}^{S} N_s - \frac{1}{N}\left(\sigma_c \cdot \sum_{s=1}^{S} N_s\right)^2$$

$$= N \cdot \sigma_c^2 - \frac{1}{N} \cdot \sigma_c^2 \cdot N^2 = 0 ,$$

d.h. proportionale und optimale Aufteilung kommen dann zum gleichen Ergebnis. Dies ist genau der im Anschluß an Gleichung (5.3.13) betrachtete Fall mit identischen variablen Kosten, da die zugrundegelegte Formel (5.3.14) von eben diesem Kostenfall ausging.

Sind die Varianzen σ_s^2 der einzelnen Schichten nicht identisch, so können wir für den betrachteten Fall identischer variabler Kosten aus (5.4.6) ersehen, daß die optimale Auswahl der proportionalen Auswahl in dem Maße überlegen ist, wie in der eckigen Klammer der erste (positive) Summandenausdruck größer ist als der zweite (negative) Summandenausdruck.

Wesentlich komplizierter wird der Vergleich, wenn man anstelle von (5.3.14) eine Formel verwendet, die man durch Einsetzen der nach n_s aufgelösten Beziehung (5.3.8) in (5.1.21) erhält und die somit auf die Unterschiede in den variablen Kosten c_s der einzelnen Schichten eingeht.

Wie der Name schon andeutet, ist unter sonst gleichen Bedingungen die optimale Aufteilung aufgrund der Varianzminimierung der proportionalen Aufteilung überlegen und aufgrund der vorangegangenen Betrachtung damit auch der reinen Zufallsauswahl überlegen, sofern die Parameter zuverlässig geschätzt sind.

Beispiel: (UN [1972], S. 128-132) Mit einer Stichprobe sollte die Anzahl der Tiere pro landwirtschaftlichen Betrieb geschätzt werden. Nach der Größe der landwirtschaftlichen Nutzungsfläche wurden die 2.072 landwirtschaftlichen Betriebe der Grundgesamtheit in 5 Schichten aufgeteilt (1 acre ≅ 40,5 Ar):

N_1 = 635 Betriebe mit 0 bis 15 acres
N_2 = 570 Betriebe mit 16 bis 30 acres,
N_3 = 475 Betriebe mit 31 bis 50 acres,
N_4 = 303 Betriebe mit 51 bis 75 acres,
N_5 = 89 Betriebe mit 76 bis 100 acres.

N = 2.072 Betriebe

Für einen vorgegebenen Stichprobenumfang von n = 500 Betrieben wurden drei Varianten durchgerechnet:

(1) Optimale Aufteilung

Mit den Anteilen $\pi_s = N_s/N$ der s-ten Schicht erhält man (indem man den Bruch in Formel (5.3.11) mit 1/N erweitert und n=500 einsetzt):

$$n_s = 500 \cdot \frac{\pi_s \cdot \sigma_s}{\sum_{s=1}^{5} \pi_s \cdot \sigma_s} \qquad s = 1, \ldots, 5.$$

Aus einer früheren Untersuchung der gleichen Region (damals 2.055 Betriebe) übernahm man die Anteile π_s und die Standardabweichungen σ_s der Schichten. In Tabelle 5.1 sind die Berechnungen zur Bestimmung der Anzahl n_s der in der Stichprobe zu erfassenden Einheiten der s-ten Schicht enthalten.

Tabelle 5.1. Berechnung der n_s für die optimale Aufteilung

Schicht s	N_s	$\pi_s = \frac{N_s}{N}$	σ_s	$\pi_s \cdot \sigma_s$	n_s
1	625	0,304	4,5	1,3680	85
2	564	0,274	7,3	2,0002	124
3	476	0,232	9,6	2,2272	138
4	304	0,148	12,2	1,8056	112
5	86	0,042	15,8	0,6636	41
Σ	2.055	1,000	-	8,0646	500

In Tabelle 5.2 wird die durchschnittliche Anzahl der Tiere je landwirtschaftlichen Betrieb berechnet (und damit der Erwartungswert μ der Grundgesamtheit geschätzt). x_s = Anzahl der Tiere der s-ten Schicht.

Tabelle 5.2. Berechnung von $\hat{\mu}$ für die optimale Aufteilung

Schicht s	N_s	$\pi_s = \frac{N_s}{N}$	n_s	x_s	$\bar{x}_s = \frac{x_s}{n_s}$	$\pi_s \cdot \bar{x}_s$
1	635	0,307	85	356	4,19	1,29
2	570	0,275	124	1.442	11,63	3,20
3	475	0,229	138	2.200	15,94	3,65
4	303	0,146	112	2.642	23,59	3,44
5	89	0,043	41	1.214	29,61	1,27
Σ	2.072 (neu)	1,000 (neu)	500	7.854	-	12,85 = $\hat{\mu}$

Als Varianz $V(\hat{\mu})$ dieser optimalen Aufteilung errechnete sich ein Wert von 0,105 (siehe UN [1972], S. 130).

(2) Proportionale Aufteilung

Mit den Anteilen π_s aus Tabelle 5.2 wurden die n_s analog zu Formel (5.2.1) berechnet mit der Formel $n_s = \pi_s \cdot 500$. Da für die proportionale Aufteilung gilt $n_s/n = \pi_s$, ersieht man aus Tabelle 5.3 die Berechnung des Stichprobenmittels $\bar{x}$.

Tabelle 5.3. Berechnung von $\bar{x}$ für die proportionale Aufteilung

Schicht s	$\pi_s = \frac{N_s}{N}$	n_s	x_s	$\bar{x}_s = \frac{x_s}{n_s}$	$\pi_s \cdot \bar{x}_s$
1	0,307	153	619	4,05	1,24
2	0,275	138	1.423	10,31	2,84
3	0,229	115	1.758	15,29	3,50
4	0,146	73	1.691	23,16	3,38
5	0,043	21	603	28,71	1,23
Σ	1,000	500	6.094	-	12,19 = $\bar{x}$

Als Varianz $V(\bar{x})$ dieser proportionalen Aufteilung errechnete sich ein Wert von 0,110 (siehe UN [1972], S. 131).

(3) Zufallsstichprobe

Mit einer Stichprobe vom Umfang n = 500 wurden die n_s willkürlich bestimmt. Aufgrund von $n_1 = 70$, $n_2 = 140$, $n_3 = 110$, $n_4 = 100$ und $n_5 = 80$ ausgewählten landwirtschaftlichen Betrieben und ihren Angaben wurde ein Stichprobenmittel von $\bar{x} = 12{,}91$ mit einer Varianz $V(\bar{x})$ von 0,128 errechnet (siehe UN [1972], S. 132).

Übungsaufgaben

5.1. Wie läßt sich bei geschichteter Auswahl aus den Beobachtungen x_{si} (für die i-te Einheit aus der s-ten Schicht, $i=1,\dots,n_s$; $s=1,\dots,S$; n_s = Anzahl der erfaßten Einheiten der s-ten Schicht in der Stichprobe. S = Anzahl der Schichten)

a) der Stichprobenmittelwert berechnen,

b) der Erwartungswert der Grundgesamtheit schätzen?

5.2. In welche beiden Komponenten läßt sich die Varianz σ^2 bei geschichteter Auswahl zerlegen?

5.3. Was versteht man unter proportionaler Aufteilung?

5.4. Für die Stichprobenumfänge der optimalen Aufteilung ergibt sich folgende Beziehung

$$\frac{n_s}{n} = \frac{\frac{N_s \cdot \sigma_s}{\sqrt{c_s}}}{\sum\limits_{s=1}^{S} \frac{N_s \cdot \sigma_s}{\sqrt{c_s}}}$$

n = Stichprobenumfang (insgesamt)

n_s = Stichprobenumfang von Schicht s

N_s = Umfang von Schicht s in der Grundgesamtheit

S = Anzahl der Schichten

σ_s = Standardabweichung der Schicht s

c_s = variable Kosten der Schicht s

a) Welche Planungskonsequenzen ergeben sich aus dieser Formel?

b) Was folgt aus dieser Formel, wenn die variablen Kosten der einzelnen Schichten identisch sind?

c) Vergleichen Sie dies mit der proportionalen Aufteilung.

5.5. Eine Grundgesamtheit bestehe aus 50.000 Einheiten, die in 4 Schichten aufgeteilt werden können. Aus einer früheren Untersuchung sind die Standardabweichungen σ_s bekannt. Berechnen Sie mit den Angaben der nachfolgenden Tabelle für eine Stichprobe vom Umfang n = 400 die Anzahl n_s der Einheiten der s-ten Schicht, die in der Stichprobe erfaßt werden sollen,

a) nach der proportionalen Aufteilung,

b) nach der optimalen Aufteilung.

Schicht s	N_s	σ_s
1	40.000	6
2	7.000	10
3	2.000	15
4	1.000	60
Σ	50.000	-

Weiterführende Literatur

Tschuprow [1923]

Neyman [1934]

Hansen-Hurwitz-Madow [1953I]

Hansen-Hurwitz-Madow [1953II]

Dalenius [1957]

Deming [1957]

Menges [1959]

Ghosh [1963]

Kellerer [1963]

Yates [1965]

Kendall-Stuart [1966]

Schneeberger [1970]

Schäffer [1971]

Cochran [1972]

UN [1972]

Menges-Skala [1973]

Schneeberger [1973]

6. Kapitel
Verhältnisschätzungen

6.1. Zeitliche Vergleiche

Auf der Basis früherer Vollerhebungen lassen sich Stichproben durchführen, deren Aufgabe im wesentlichen darin besteht, die Daten mit geringem Kostenaufwand zu aktualisieren. Das nachfolgende Beispiel soll veranschaulichen, wie man dabei vorgehen kann.

Beispiel: In einem Entwicklungsland ergab sich aufgrund einer Vollerhebung für das Jahr 1970 eine Einwohnerzahl von 5 Millionen. Im Jahre 1984 wird stichprobenartig für 100 Gemeinden des Landes die Einwohnerzahl $x_j(1984)$ mit $j = 1, \ldots, 100$ ermittelt. Für die betroffenen Gemeinden lassen sich diesen Daten die aus der Vollerhebung für das Jahr 1970 stammenden Einwohnerzahlen gegenüberstellen. So sei etwa festgestellt worden, daß im Jahre 1984 in den betrachteten hundert Gemeinden insgesamt 1,2 Millionen Einwohner lebten (dagegen 1970 nur 1 Million Einwohner). Mit diesem Verhältnis der Einwohnerzahlen läßt sich die Einwohnerzahl des Entwicklungslandes für das Jahr 1984 schätzen als

$$\frac{1.200.000}{1.000.000} \cdot 5.000.000 \text{ Einwohner} = 6.000.000 \text{ Einwohner.}$$

Erhebungseinheit ist im Beispiel also die Gemeinde, Untersuchungseinheit ist der Einwohner.

Mit der Notation

m = Anzahl der in der Stichprobe erfaßten Erhebungseinheiten,

$x_j(T_1)$ = Anzahl der Untersuchungseinheiten in der j-ten Erhebungseinheit zum Zeitpunkt T_1 mit $j = 1,\ldots,m$,

$x_j(T_0)$ = Anzahl der Untersuchungseinheiten in der j-ten Erhebungseinheit zum Zeitpunkt T_0 mit $j = 1,\ldots,m$,

$X(T_0)$ = Anzahl aller Untersuchungseinheiten zum Zeitpunkt T_0 ,

$\hat{X}(T_1)$ = geschätzte Anzahl aller Untersuchungseinheiten zum Zeitpunkt T_1

erhält man die Verhältnisschätzung

$$(6.1.1)\quad \hat{X}(T_1) = \frac{\sum_{j=1}^{m} x_j(T_1)}{\sum_{j=1}^{m} x_j(T_0)} \cdot X(T_0) .$$

Eine ausführliche Diskussion der mathematischen Eigenschaften dieser Verhältnisschätzung findet man in Stenger [1971].

(6.1.1) läßt sich weiter entwickeln zu

$$(6.1.2)\quad \hat{X}(T_1) = \frac{\frac{1}{m}\sum_{j=1}^{m} x_j(T_1)}{\frac{1}{m}\sum_{j=1}^{m} x_j(T_0)} \cdot X(T_0)$$

$$= X(T_0) \cdot \frac{\bar{x}(T_1)}{\bar{x}(T_0)}$$

mit $\bar{x}(T_1) = \frac{1}{m}\sum_{j=1}^{m} x_j(T_1)$ und $\bar{x}(T_0) = \frac{1}{m}\sum_{j=1}^{m} x_j(T_0)$.

Somit wird der aggregierte Wert $X(T_0)$ der Basisperiode T_0 multipliziert mit dem Verhältnis der Stichprobenmittel $\bar{x}(T_1)/\bar{x}(T_0)$.

Eine andere Möglichkeit zur Schätzung von $X(T_1)$, dem aggregierten Wert der Berichtsperiode T_1, bietet

$$(6.1.3)\quad \tilde{X}(T_1) = X(T_0) \cdot \frac{1}{m}\sum_{j=1}^{m} \frac{x_j(T_1)}{x_j(T_0)} .$$

Hierbei wird der aggregierte Wert $X(T_0)$ der Basisperiode T_0 multipliziert mit dem Mittelwert der in der Stichprobe ermittelten Verhältnisse $x_j(T_1)/x_j(T_0)$, die als Meßzahlen anzusehen sind.

Wie wir in 6.4 sehen werden, ist die Verhältnisschätzung (6.1.1) im allgemeinen der Hochrechnung mit dem Meßzahlenmittel (6.1.3) vorzuziehen.

6.2. Das einfache Verursachungsmodell

Eine andere Anwendungsform der Verhältnisschätzung ist die Schätzung einer zu erklärenden Variablen Y mittels einer erklärenden Variablen X.

Beispiel: Wir gehen davon aus, daß man in einem konkreten Fall zwar die Bevölkerungszahl X eines Landes kennt, jedoch keine zuverlässigen Angaben über die Anzahl der Wohnungen dieses Landes hat. Man könnte dann eine Stichprobe durchführen, wobei in m Gemeinden jeweils die Anzahl x_j der Bewohner sowie die Anzahl y_j der Wohnungen mit $j=1,\ldots,m$ festgestellt werden. Dann liefert die Verhältnisschätzung

$$(6.2.1) \qquad \hat{Y} = \frac{\sum_{j=1}^{m} y_j}{\sum_{j=1}^{m} x_j} \cdot X$$

eine brauchbare Schätzung für die unbekannte Anzahl Y der Wohnungen dieses Landes.

Ein derartiges Vorgehen empfiehlt sich insbesondere dann, wenn die zu erklärende Variable nur sehr schwer und mit großem Kostenaufwand gemessen werden kann, so daß etwa eine Vollerhebung ausscheidet. Ein prominentes Beispiel hierzu wäre eine Untersuchung, in der die Oberfläche der Blätter eines Baumes festgestellt werden soll. Anstatt alle Blätter zu vermessen, ist es sicherlich einfacher, für einige Blätter sowohl Oberfläche als auch Gewicht zu ermitteln und diese Angaben entsprechend Gleichung (6.2.1) zusammen mit dem Gesamtgewicht aller Blätter des Baumes als erklärende Variable X zur Schätzung der Gesamtoberfläche aller Blätter des Baumes, $\hat{Y}$, zu verwenden.

Die Güte einer solchen Verhältnisschätzung hängt sicherlich von dem Zusammenhang zwischen den Variablen(Merkmalen) X und Y ab, d.h. wenn die Meßwerte der Variablen X und Y keine hohe Korrelation aufweisen, wird eine Verhältnisschätzung gegenüber einer direkten Schätzung der Größe Y aufgrund nur der Meßwerte y_j der Stichprobe an Wert verlieren. Wie man sich weiter vorstellen kann, ist es gewagt, mehrere Verhältnisschätzungen hintereinanderzuschalten (Z werde aufgrund von Y, dieses seinerseits aufgrund von X geschätzt usw.), da die Produkte der Korrelationskoeffizienten schnell Werte ergeben, die die üblichen Signifikanzgrenzen unterschreiten. Weitere Ausführungen zur Technik solcher sukzessiver Verhältnisschätzungen findet man in Deming [1957].

Verhältnisschätzungen, wie wir sie in den Gleichungen (6.1.1) und (6.2.1) kennengelernt haben, werden auch als gebundene Hochrechnungen bezeichnet - im Gegensatz zu den freien Hochrechnungen im univariaten Fall (vgl. Krug-Nourney [1982], S. 131ff).

Eine Anwendungsmöglichkeit für das Vorgehen mit Verhältniszahlen, vergleichbar mit dem Vorgehen in (6.1.3), wird in UN [1972], S. 15 beschrieben. So kann man die Anzahl der Geburten eines Landes auch aufgrund der Bevölkerungszahl und einem arithmetischen Mittel der Geburtenziffern in m Regionen schätzen:

$$(6.2.2) \qquad \hat{G} = B \cdot \frac{1}{m} \sum_{j=1}^{m} \frac{g_j}{b_j} \, ,$$

wobei für die betrachtete Periode gilt

$\hat{G}$ = Schätzung der Gesamtzahl G der Geburten des Landes

B = Bevölkerung des Landes

m = Anzahl der Regionen

g_j = Anzahl der Geburten (Lebendgeborenen) in Region j

b_j = Bevölkerung von Region j

$\frac{g_j}{b_j}$ = Geburtenziffer in Region j.

Obwohl hier sachlogische Gründe für das Vorgehen nach (6.2.2) sprechen, weist die Verhältnisschätzung (6.2.1) zahlenlogisch einige Vorzüge auf, wie dem nächsten Abschnitt zu entnehmen ist.

6.3. Schätzeigenschaften des Verhältnisses der Stichprobenmittel

Wird das Verhältnis μ_y/μ_x der Erwartungswert zweier Merkmale (engl. populations) in der Grundgesamtheit (engl. universe) geschätzt mit dem Verhältnis $\bar{y}/\bar{x}$ der Stichprobenmittelwerte dieser beiden Merkmale, so ist diese Schätzung nicht erwartungstreu. Die Verwendung einer nicht erwartungstreuen Schätzung wie etwa der Verhältnisschätzung kann dann empfohlen werden, wenn deren mean square error (MSE), der sich - wie wir in (1.6.3) gesehen haben - aus der Varianz und dem Quadrat des bias' zusammensetzt - kleiner ist als die Varianz einer erwartungstreuen Schätzung (die dann wegen der Erwartungstreue zugleich deren MSE darstellt). Zur Veranschaulichung diene folgendes einfache Beispiel. Ein unerfahrener Schütze, der seine Schüsse gleichmäßig um eine Zielscheibe plaziert, kann damit als Erwartungswert seiner Einschüsse zwar die 10 in der Mitte der Scheibe verbuchen, wird aber keine Ringe aufweisen können. Dagegen wird ein Schütze, der systematisch seine Einschüsse im rechten unteren Quadranten unterbringt, als Erwartungswert vielleicht nur eine 5 aufweisen können, aber - solange er die Scheibe trifft, wird er sich durch die erreichten Ringe qualifizieren. Eine ähnliche Argumentation findet man in Hansen-Hurwitz-Madow [1953I], S. 35. Für den bias einer solchen Schätzung des Verhältnisses der Erwartungswerte gilt näherungsweise (vgl. Hansen-Hurwitz-Madow [1953II], S. 112-113 und Cochran [1972], S. 192)

$$(6.3.1) \quad E(\frac{\bar{y}}{\bar{x}}) - \frac{\mu_y}{\mu_x} \cong \frac{\mu_y}{\mu_x} \cdot \frac{N-n}{N} \cdot \frac{1}{n} \cdot (\frac{\sigma_x^2}{\mu_x^2} - \rho_{xy} \cdot \frac{\sigma_x}{\mu_x} \cdot \frac{\sigma_y}{\mu_y}) \; ,$$

wobei der Korrelationskoeffizient der beiden Merkmale definiert ist als

$$(6.3.2) \quad \rho_{xy} = \frac{\text{Cov}(x,y)}{\sigma_x \cdot \sigma_y}$$

mit

$$\text{Cov}(x,y) = \frac{1}{N} \sum_{i=1}^{N} (X_i - \mu_x) \cdot (Y_i - \mu_y) \, ,$$

$$\sigma_x^2 = \frac{1}{N} \sum_{i=1}^{N} (X_i - \mu_x)^2 \quad \text{und} \quad \sigma_y^2 = \frac{1}{N} \sum_{i=1}^{N} (Y_i - \mu_y)^2 \; .$$

Wir erkennen mit (6.3.1), daß der bias um so geringer wird,

- je größer der Stichprobenumfang n wird,
- je größer der Auswahlsatz n/N wird,
- je stärker der Korrelationskoeffizient ρ_{xy} gegen +1 strebt,
- je kleiner σ_x^2 wird.

Damit ist die Verhältnisschätzung zumindest eine asymptotisch erwartungstreue Schätzung.

Für die Varianz des Verhältnisses $\bar{y}/\bar{x}$ der Stichprobenmittelwerte gilt (siehe Anhang A IV)

$$(6.3.3)\quad V(\frac{\bar{y}}{\bar{x}}) \cong (\frac{\mu_y}{\mu_x})^2 \cdot \frac{N-n}{N} \cdot \frac{1}{n} \cdot (\frac{\sigma_y^2}{\mu_y^2} + \frac{\sigma_x^2}{\mu_x^2} - 2\rho_{xy} \cdot \frac{\sigma_x}{\mu_x} \cdot \frac{\sigma_y}{\mu_y}) .$$

Hierauf aufbauend gilt für die Varianz der Schätzung des Erwartungswerts der zu erklärenden Variablen Y

$$(6.3.4)\quad \hat{\mu}_y = \mu_x \cdot \frac{\bar{y}}{\bar{x}} ,$$

daß

$$(6.3.5)\quad V(\hat{\mu}_y) = V(\mu_x \cdot \frac{\bar{y}}{\bar{x}}) = \mu_x^2 \cdot V(\frac{\bar{y}}{\bar{x}}) .$$

Für unsere Verhältnisschätzung (6.2.1), für die wir schreiben

$$(6.3.6)\quad \hat{Y} = \frac{\bar{y}}{\bar{x}} \cdot X = \frac{\bar{y}}{\bar{x}} \cdot N \cdot \mu_x = N \cdot \hat{\mu}_y ,$$

erhalten wir mit (6.3.5) die Varianz

$$(6.3.7)\quad V(\hat{Y}) = V(N \cdot \hat{\mu}_y) = N^2 \cdot V(\hat{\mu}_y) = N^2 \cdot \mu_x^2 \cdot V(\frac{\bar{y}}{\bar{x}})$$

$$= X^2 \cdot V(\frac{\bar{y}}{\bar{x}}) .$$

Durch Einsetzen von (6.3.3) gilt somit für die Varianz der Verhältnisschätzung (6.2.1) wegen $N \cdot \mu_y = Y$

$$(6.3.8)\quad V(\hat{Y}) \cong Y^2 \cdot \frac{N-n}{N} \cdot \frac{1}{n} \cdot (\frac{\sigma_y^2}{\mu_y^2} + \frac{\sigma_x^2}{\mu_y^2} - 2\rho_{xy} \cdot \frac{\sigma_x}{\mu_x} \cdot \frac{\sigma_y}{\mu_y}) .$$

Da auch die Varianz der Verhältnisschätzung für große n gegen Null strebt, ist die Verhältnisschätzung eine konsistente Schätzung (Konsistenz im quadratischen Mittel, d.h. der MSE strebt gegen Null).

Eine weitere Umformung von (6.3.8) ergibt wegen $Y^2 = N^2 \cdot \mu_y^2$

$$(6.3.9)\quad V(\hat{Y}) \cong N^2 \cdot \frac{N-n}{N} \cdot \frac{1}{n} \cdot \left(\sigma_y^2 + \frac{\mu_y^2}{\mu_x^2} \cdot \sigma_x^2 - 2\frac{\mu_y}{\mu_x} \cdot \rho_{xy} \cdot \sigma_x \cdot \sigma_y\right).$$

Wir vergleichen die Varianz dieser gebundenen Hochrechnung mit der entsprechenden Varianz der freien Hochrechnung eines reinen Zufallsmodells (vgl. Gleichung (2.5.6))

$$(6.3.10)\quad V(\hat{Y}) \cong N^2 \cdot \frac{N-n}{N} \cdot \frac{1}{n} \cdot \sigma_y^2 \; ,$$

wenn der Korrekturfaktor durch $\frac{N-n}{N}$ approximiert wird.

Die Verhältnisschätzung ist dem Vorgehen mit dem reinen Zufallsmodell überlegen, wenn die Varianz der gebundenen Hochrechnung kleiner ist als die Varianz der freien Hochrechnung. Dies tritt ein, wenn

$$(6.3.11)\quad \frac{\mu_y^2}{\mu_x^2} \cdot \sigma_x^2 - 2\frac{\mu_y}{\mu_x} \cdot \rho_{xy} \cdot \sigma_x \cdot \sigma_y < 0.$$

Hieraus erhalten wir

$$\frac{\mu_y}{\mu_x} \cdot \sigma_x < 2\rho_{xy} \cdot \sigma_y$$

und schließlich

$$(6.3.12)\quad \rho_{xy} > 0{,}5 \cdot \frac{\frac{\sigma_x}{\mu_x}}{\frac{\sigma_y}{\mu_y}} \; .$$

Der Aussagegehalt dieser von Cochran [1972] hergeleiteten Bedingung besteht darin, daß - sofern die Variationskoeffizienten der beiden Zufallsvariablen nahezu übereinstimmende Werte aufweisen - die Verhältnisschätzung der Schätzung des reinen Zufallsmodells nur überlegen sein kann, wenn der Korrelationskoeffizient der beiden betrachteten Variablen über 0,5 liegt.

6.4. Bekannter Erwartungswert der erklärenden Variablen

Die Betrachtungen in diesem Abschnitt ergänzen die vorherigen Überlegungen unter einer anderen Perspektive. So geht man in (6.2.1) davon aus, daß das Aggregat X bekannt ist und mit seiner Hilfe das Aggregat Y geschätzt werden kann. Man kann demnach nach erfolgter Division mit der Anzahl der Einheiten in der Grundgesamtheit (für die die beiden Merkmale festgestellt werden) aus der Kenntnis des Erwartungswerts μ_x Rückschlüsse auf den unbekannten Erwartungswert μ_y ziehen. Somit tritt an die Stelle einer gebundenen Hochrechnung die Schätzung des Erwartungswerts. Analog zu (6.2.1) wäre der Erwartungswert μ_y zu schätzen mit

$$(6.4.1) \quad \hat{\mu}_y = \mu_x \cdot \frac{\bar{y}}{\bar{x}} ,$$

wobei wieder das Verhältnis der Stichprobenmittel genutzt wird. Eine alternative Möglichkeit zur Schätzung des Erwartungswerts μ_y , die entsprechend dem Vorgehen in (6.2.2) auf das Mittel von Verhältniszahlen zurückgreift, wäre

$$(6.4.2) \quad \tilde{\mu}_y = \mu_x \cdot \frac{1}{m} \sum_{j=1}^{m} \frac{y_j}{x_j} .$$

Entsprechende Überlegungen gelten für die alternativen Schätzungen der in Abschnitt 6.1 untersuchten zeitlichen Vergleiche. Damit lassen sich nun auch auf die Verhältnisschätzungen und ihre Alternativen Betrachtungen übertragen, die Kendall-Stuart ([1966], S. 211-212) für den Fall bekannter Erwartungswerte angestellt haben.

So gilt für die Kovarianz zweier Variablen u und v die Zerlegungsregel

$$(6.4.3) \quad \mathrm{Cov}(u, v) = E(u \cdot v) - E(u) \cdot E(v) ,$$

mithin für

$$(6.4.4)\quad Cov(\frac{\bar{y}}{\bar{x}}, \bar{x}) = E(\bar{y}) - E(\frac{\bar{y}}{\bar{x}})\cdot E(\bar{x}) \quad \text{(und wegen (6.4.1))}$$

$$= \mu_y - E(\frac{\hat{\mu}_y}{\mu_x})\cdot E(\bar{x})$$

$$= \mu_y - \frac{1}{\mu_x}\cdot E(\hat{\mu}_y)\cdot \mu_x$$

$$= \mu_y - E(\hat{\mu}_y),$$

da die Stichprobenmittel erwartungstreue Schätzungen für die zugehörigen Mittel (Erwartungswerte) der Grundgesamtheit sind. Aus (6.4.4) folgt für den Erwartungswert von $\hat{\mu}_y$ in (6.4.1)

$$(6.4.5)\quad E(\hat{\mu}_y) = \mu_y - Cov(\frac{\bar{y}}{\bar{x}}, \bar{x}).$$

Entsprechend erhalten wir mit (6.4.2) für die Kovarianz

$$(6.4.6)\quad Cov(\frac{y_j}{x_j}, x_j) = E(y_j) - E(\frac{y_j}{x_j})\cdot E(x_j)$$

$$= \mu_y - E(\frac{y_j}{x_j})\cdot \mu_x$$

wegen $E(y_j) = \mu_y$ und $E(x_j) = \mu_x$ für alle j, so daß

$$(6.4.7)\quad E(\frac{y_j}{x_j})\cdot \mu_x = \mu_y - Cov(\frac{y_j}{x_j}, x_j) \quad \text{für alle j.}$$

Damit gewinnen wir mit (6.4.2) für den Erwartungswert von $\tilde{\mu}_y$

$$(6.4.8)\quad E(\tilde{\mu}_y) = E(\mu_x\cdot\frac{1}{m}\sum_{j=1}^{m}\frac{y_j}{x_j}) = \mu_x\cdot\frac{1}{m}\sum_{j=1}^{m} E(\frac{y_j}{x_j})$$

$$= \mu_x\cdot E(\frac{y_j}{x_j})$$

$$= \mu_y - Cov(\frac{y_j}{x_j}, x_j).$$

Aus (6.4.5) und (6.4.8) folgt, daß weder $\hat{\mu}_y$ noch $\tilde{\mu}_y$ erwartungstreue Schätzungen sind. Für $\hat{\mu}_y$ läßt sich dies natürlich auch aus (6.3.1) herleiten. Daher ist auch die Erkenntnis, daß $\hat{\mu}_y$ asymptotisch erwartungstreu ist, die Kendall und Stuart mit der Schwarzschen Ungleichung gewinnen, da $Cov(\frac{\bar{y}}{\bar{x}}, \bar{x})$ von der Ordnung n^{-1} ist, nicht mehr überraschend. Interessant ist dagegen, daß $\tilde{\mu}_y$ nicht asymptotisch erwartungstreu ist, da nach der Schwarzschen Ungleichung für den Betrag des bias gilt

$$(6.4.9) \qquad |E(\tilde{\mu}_y)-\mu_y| = |Cov(\frac{y_j}{x_j}, x_j)| \leq [V(\frac{y_j}{x_j})\cdot V(x_j)]^{\frac{1}{2}}$$

und diese Varianzen im Gegensatz zur Varianz der Stichprobenmittel nicht von der Ordnung n^{-1} sind und damit für große n nicht verschwinden. Sind die Erhebungseinheiten zugleich Untersuchungseinheiten, so ist m durchweg durch n zu ersetzen.

Da Hochrechnungen als homogen lineare Transformationen von zugehörigen Schätzungen des Erwartungswerts anzusehen sind, können diese Ergebnisse für die Erwartungswerte der Verhältnisschätzungen übernommen werden. Für die statistische Praxis ist die asymptotische Erwartungstreue äquivalent mit der Erwartungstreue, wenn die Stichproben aus mehr als 100 Einheiten bestehen. So wird man mit den Verhältnisschätzungen (6.1.1) und (6.2.1) im Verhältnis zu den gezeigten alternativen Schätzungen mit Mitteln von Verhältniszahlen bessere Ergebnisse erzielen, was sich durch Vergleichsrechnungen überprüfen läßt.

Ein ausführliches Beispiel einer Verhältnisschätzung des Durchschnittsbestands an Vieh pro Farm für eine Stichprobe vom Umfang n = 2.055 findet man in UN [1972], S. 147-149 dokumentiert.

Übungsaufgaben

6.1. Was versteht man unter Verhältnisschätzungen? Beschreiben Sie ein Beispiel für eine Verhältnisschätzung.

6.2. Ein Obstgärtner besitzt 100 Kirschbäume, die im Vorjahr einen Gesamtertrag von 2.500 Kilo Kirschen erbrachten. Der Ertrag von acht ausgewählten Kirschbäumen in diesem Jahr wird mit deren vorjährigem Ertrag verglichen (Angaben in Kilo):

Ertrag in diesem Jahr	25	29	30	23	20	18	25	30
Ertrag im Vorjahr	21	24	32	25	22	21	23	24

Schätzen Sie den Gesamtertrag in diesem Jahr

a) aufgrund einer Verhältnisschätzung,

b) aufgrund eines Mittels der Meßzahlen.

Weiterführende Literatur

Hansen-Hurwitz-Madow [1953I]
Hansen-Hurwitz-Madow [1953II]
Deming [1957]
Durbin [1959]
Mickey [1959]
Kellerer [1963]
Kendall-Stuart [1966]
Stenger [1971]
Cochran [1972]
UN [1972]
Jessen [1978]
Krug-Nourney [1982]

7. Kapitel
Regressionsschätzungen

7.1. Gewöhnliche Methode der kleinsten Quadrate (μ_x unbekannt)

Wie wir schon im Rahmen der Verhältnisschätzungen gesehen haben, ist es in manchen Fällen nicht einfach, Angaben über ein Merkmal zu gewinnen, während für ein anderes Merkmal, das mit diesem in Beziehung steht, solche Angaben leichter zu erhalten sind. In diesem Kapitel wollen wir uns ausführlicher mit derartigen Beziehungen auseinandersetzen.

Beispiel: Aufgrund von Steuerstatistiken ist es möglich, für alle Einwohner einer Gemeinde das Einkommen anzugeben. Dagegen verfügt man nicht so leicht über Angaben, welchen Betrag die Einwohner für Wohnzwecke ausgeben. Wir unterstellen nun einen linearen Zusammenhang zwischen Einkommen und Wohnungsausgaben der Art

(7.1.1) $y_i = \alpha + \beta \cdot x_i + e_i \qquad i = 1, \ldots, n,$

wobei

y_i = Wohnungsausgaben des Einwohners i
x_i = Einkommen des Einwohners i
e_i = Störgröße (restliche Einflüsse auf die Wohnungsausgaben y_i)
α = Niveaukonstante (autonome Wohnungsausgaben)
β = Regressionskoeffizient.

Dann liefert für eine Stichprobe vom Umfang n die gewöhnliche Methode der kleinsten Quadrate (engl. ordinary least sqares method, OLS) von Gauß Schätzwerte für α und β, mit denen man aufgrund der Daten x_i die y_i schätzen kann, also geschätzte Wohnungsausgaben erhält.

Mit der Methode der kleinsten Quadrate wird die Summe Σe_i^2 der Quadrate der Störgrößen, die als Abweichungen der Schätzungen

$\hat{y}_i$ von den Daten y_i der Stichprobe interpretiert werden können, bezüglich der Parameter α und β minimiert. Hierdurch erhalten wir die Parameterschätzungen (wegen weiterer Details sei verwiesen auf Leiner [1980], S. 194-198)

$$(7.1.2) \quad \hat{\alpha} = \bar{y} - \hat{\beta}\cdot\bar{x}$$

und

$$(7.1.3) \quad \hat{\beta} = \frac{\mathrm{cov}(x,\ y)}{s_x^2}\ .$$

Befragt man also im Beispiel eine Auswahl von n Einwohnern der Gemeinde nach Einkommen und Wohnungsausgaben, so verfügt man über die paarweisen Daten y_i , x_i , $i = 1, \ldots, n$, mit denen man die Stichprobenmittel

$$(7.1.4) \quad \bar{x} = \frac{1}{n}\sum_{i=1}^{n} x_i \quad \text{und} \quad \bar{y} = \frac{1}{n}\sum_{i=1}^{n} y_i$$

und damit die Stichprobenkovarianz

$$(7.1.5) \quad \mathrm{cov}(x,\ y) = \frac{1}{n}\sum_{i=1}^{n} (x_i-\bar{x})\cdot(y_i-\bar{y})$$

sowie die Stichprobenvarianz der erklärenden Variablen

$$(7.1.6) \quad s_x^2 = \frac{1}{n}\sum_{i=1}^{n} (x_i-\bar{x})^2$$

berechnen und in (7.1.3) einsetzen kann. Mit dem hierdurch berechneten Wert für $\hat{\beta}$ und mit (7.1.4) wird danach $\hat{\alpha}$ aufgrund von (7.1.2) berechnet.

Durch Einsetzen der Werte für $\hat{\alpha}$ und $\hat{\beta}$ in

$$(7.1.7) \quad \hat{y}_i = \hat{\alpha} + \hat{\beta}\cdot x_i \qquad i = 1, \ldots, N$$

gewinnt man dann im Beispiel Schätzwerte für die Wohnungsausgaben jedes einzelnen Einwohners der Gemeinde aufgrund seines angegebenen Einkommens x_i aus der Steuerstatistik.

Summiert man für die Grundgesamtheit (im Beispiel die Gemeinde) alle diese Schätzwerte $\hat{y}_i$, bildet also

$$(7.1.8) \quad \sum_{i=1}^{N} \hat{y}_i = \sum_{i=1}^{N} (\hat{\alpha} + \hat{\beta}\cdot x_i) = \sum_{i=1}^{N} \hat{\alpha} + \sum_{i=1}^{N} \hat{\beta}\cdot x_i$$

$$= N\cdot\hat{\alpha} + \hat{\beta}\cdot \sum_{i=1}^{N} x_i ,$$

so erhält man mit $\hat{Y}$ einen Schätzwert der gesamten Wohnungsausgaben der Einwohner der Gemeinde

$$(7.1.9) \quad \hat{Y} = N\cdot\hat{\alpha} + \hat{\beta}\cdot X ,$$

wobei

$$X = \sum_{i=1}^{N} x_i$$

das gesamte Einkommen der Bewohner der Gemeinde ist.

Mit

$$(7.1.10) \quad \hat{\mu}_Y = \frac{1}{N} \sum_{i=1}^{N} \hat{y}_i = \frac{\hat{Y}}{N}$$

erhält man die durchschnittlichen Wohnungsausgaben, d.h. die Wohnungsausgaben pro Kopf (bei N Einwohnern der Gemeinde).

Gewissermaßen wurde in diesem Ansatz die unbekannte Summe $\sum_{i=1}^{N} y_i$ ersetzt durch eine lineare Funktion der bekannten Summe $\sum_{i=1}^{N} x_i$, wobei die Stichprobe zugleich zur Schätzung der beiden Parameter α und β dieser Funktion diente.

7.2. Regressionsschätzung für bekannten Erwartungswert μ_x

Kennt man den Erwartungswert μ_x der Erklärungsgröße, so bietet sich (wie im Falle der Verhältnisschätzung) ein weiterer Ansatz an. Man könnte sich unter einer solchen Erklärungsgröße wieder eine Einkommensgröße aus einer Vollerhebung vorstellen.

Zur Schätzung des unbekannten Erwartungswerts μ_y der zu erklärenden Größe verwendet man

$$(7.2.1) \quad \hat{\mu}_y = \bar{y} + b\cdot(\mu_x - \bar{x}).$$

Für b=0 ergibt sich mit $\hat{\mu}_y=\bar{y}$ die Schätzung eines reinen Zufallsmodells, d.h. der Erwartungswert wird mit dem Stichprobenmittel geschätzt.

Für $b = \bar{y}/\bar{x}$ ergibt sich mit $\hat{\mu}_y = (\bar{y}/\bar{x})\cdot\mu_x$ die Verhältnisschätzung (6.4.1).

Für $b = \hat{\beta}$ erhält man aus (7.2.1) die OLS-Schätzung

$$(7.2.2) \quad \hat{\mu}_y = \bar{y} + \frac{\operatorname{cov}(x,\ y)}{s_x^2}\cdot(\mu_x - \bar{x}) \ .$$

Aus der allgemeinen Form (7.2.1) erhält man durch Multiplikation mit dem Umfang der Grundgesamtheit N die Hochrechnung

$$(7.2.3) \quad \hat{Y} = N\cdot\bar{y} + N\cdot b\cdot(\mu_x - \bar{x})$$

und für $b = \hat{\beta}$ die OLS-Hochrechnung

$$(7.2.4) \quad \hat{Y} = N\cdot\bar{y} + \frac{\operatorname{cov}(x,\ y)}{s_x^2}\cdot N\cdot(\mu_x - \bar{x})$$

$$= N\cdot\bar{y} + \frac{\operatorname{cov}(x,\ y)}{s_x^2}\cdot(X - N\cdot\bar{x})$$

mit

$$X = \sum_{i=1}^{N} x_i = N\cdot\mu_x \ .$$

Die freie Hochrechnung $N\cdot\bar{y}$ wird also um so stärker mit $\hat{\beta}$ korrigiert, je größer die Differenz zwischen dem aggregierten Wert X der Erklärungsgröße und seinem Schätzwert $N\cdot\bar{x}$ ausfallen wird.

Wir ersetzen nun in (7.2.1) b durch eine beliebige Konstante β und berechnen den Erwartungswert von $\hat{\mu}_y$, für den gilt

$$(7.2.5) \quad E(\hat{\mu}_y) = E[\bar{y} + \beta\cdot(\mu_x - \bar{x})]$$

$$= E(\bar{y}) + \beta\cdot E(\mu_x - \bar{x})$$

$$= \mu_y + \beta\cdot[\mu_x - E(\bar{x})]$$

$$= \mu_y$$

wegen $E(\bar{x}) = \mu_x$. Das bedeutet aufgrund der Erwartungstreue der Stichprobenmittelwerte, daß jede Regressionsschätzung erwartungstreu ist, solange b eine Konstante ist, deren Größe beliebig ist (b muß allerdings endlich sein). Hat jedoch b den Status einer Zufallsvariablen, so geht die Eigenschaft der Erwartungstreue verloren, es sei denn, daß gilt $E(b\cdot\mu_x) = E(b\cdot\bar{x})$ in Gleichung (7.2.1). Die Regressionsschätzung $\hat{\beta}$ ist als OLS-Schätzung eine Funktion der Zufallsvariablen X und Y und damit selbst eine Zufallsvariable. Aufgrund der Konsistenz von OLS-Schätzungen überträgt sich die asymptotische Erwartungstreue auch auf die Regressionsschätzung mit $b = \hat{\beta}$.

Auf der Grundlage dieser Überlegungen wollen wir die Varianz einer Regressionsschätzung approximieren. Wir gehen davon aus, daß in der Stichprobe ein Stichprobenmittel gebildet wird aus den Individualwerten

$$y_i + \beta\cdot(\mu_x - x_i) \qquad i = 1, \ldots, n,$$

die den Erwartungswert μ_y besitzen, wenn β wie in (7.2.5) eine endliche Konstante ist. Bildet man mit den zugehörigen Werten in der Grundgesamtheit die Varianz von $\hat{\mu}_y$ für "Ziehen ohne Zurücklegen" (vgl. (2.5.3)), so erhält man

$$(7.2.6) \quad V(\hat{\mu}_y) = \frac{N-n}{N-1}\cdot\frac{1}{n}\cdot\frac{1}{N}\sum_{i=1}^{N}[Y_i + \beta\cdot(\mu_x - X_i) - \mu_y]^2 .$$

Durch Umformungen gewinnen wir

$$(7.2.7)\quad V(\hat{\mu}_y) = \frac{N-n}{N-1}\cdot\frac{1}{n\cdot N}\sum_{i=1}^{N}[(Y_i - \mu_y) - \beta\cdot(X_i - \mu_x)]^2$$

$$= \frac{N-n}{N-1}\cdot\frac{1}{n}\cdot[\sigma_y^2 - 2\beta\mathrm{Cov}(X, Y) + \beta^2\sigma_x^2]$$

Ersetzt man in (7.2.7) die Konstante β durch $\frac{\mathrm{Cov}(X, Y)}{\sigma_x^2}$, also durch das Verhältnis von Grundgesamtheitskovarianz zu Varianz der erklärenden Variablen (Zähler und Nenner sind also als Momente der Grundgesamtheit Konstanten, nur die zugehörigen Stichprobenmomente haben den Status von Zufallsvariablen), so gilt angenähert

$$(7.2.8)\quad V(\hat{\mu}_y) \cong \frac{1-f}{n}\cdot[\sigma_y^2 - 2\frac{\mathrm{Cov}^2(X, Y)}{\sigma_x^2} + \frac{\mathrm{Cov}^2(X, Y)}{\sigma_x^4}\cdot\sigma_x^2]$$

$$= \frac{1-f}{n}\cdot[\sigma_y^2 - \frac{\mathrm{Cov}^2(X, Y)}{\sigma_x^2}]$$

$$= \frac{1-f}{n}\cdot[\sigma_y^2 - \rho_{xy}^2\cdot\sigma_y^2]$$

$$= \frac{1-f}{n}\cdot\sigma_y^2\cdot(1 - \rho_{xy}^2),$$

wobei der Korrelationskoeffizient ρ_{xy} in der Grundgesamtheit definiert ist durch

$$(7.2.9)\quad \rho_{xy} = \frac{\mathrm{Cov}(X, Y)}{\sigma_x\cdot\sigma_y}.$$

Cochran ([1972], S. 228-229) zeigt, daß mit dem Regressionskoeffizienten der Grundgesamtheit $\beta = \mathrm{Cov}(X, Y)/\sigma_x^2$ die Varianz von $\hat{\mu}_y$ minimal ist. Als Schätzung des Korrelationskoeffizienten ρ_{xy} verwendet man natürlich den Stichprobenkorrelationskoeffizienten $r_{xy} = \mathrm{cov}(x, y)/(s_x\cdot s_y)$, so daß sich dann die Verzerrung auf die Schätzung der Varianz auswirkt.

7.3. Varianzenvergleich

Cochran ([1972], S. 237-238) vergleicht die Varianzen von Regressionsschätzung, Verhältnisschätzung und einfacher Zufallsstichprobe. Wie wir gesehen haben, lauten die Varianzen der Schätzungen des Erwartungswerts in den entsprechenden Approximationen

(7.2.8) $V(\hat{\mu}_y) \cong \frac{1-f}{n} \cdot \sigma_y^2 \cdot (1 - \rho_{xy}^2)$ (Regressionsschätzung)

(6.3.5) $V(\hat{\mu}_y) \cong \frac{1-f}{n} \cdot (\sigma_y^2 + \frac{\mu_y^2}{\mu_x^2} \cdot \sigma_x^2 - 2\rho_{xy} \cdot \sigma_x \cdot \sigma_y \cdot \frac{\mu_y}{\mu_x})$

(Verhältnisschätzung)

(2.5.3) $V(\hat{\mu}_y) \cong \frac{1-f}{n} \cdot \sigma_y^2$ (einfache Zufallsstichprobe).

Für $\rho_{xy} \neq 0$ ist die Regressionsschätzung der einfachen Zufallsstichprobe überlegen, da die Varianz in (7.2.8) kleiner ist als die in (2.5.3).

Die Regressionsschätzung ist der Verhältnisschätzung vorzuziehen, wenn

(7.3.1) $- \rho_{xy}^2 \cdot \sigma_y^2 < \frac{\mu_y^2}{\mu_x^2} \cdot \sigma_x^2 - 2\rho_{xy} \cdot \sigma_x \cdot \sigma_y \cdot \frac{\mu_y}{\mu_x}$,

wie man durch Vergleich von (7.2.8) mit (6.3.5) erkennt. Äquivalente Schreibweisen für die Bedingung (7.3.1) sind

$$(\rho_{xy} \cdot \sigma_y - \frac{\mu_y}{\mu_x} \cdot \sigma_x)^2 > 0,$$

$$(\frac{\rho_{xy} \cdot \sigma_y}{\sigma_x} - \frac{\mu_y}{\mu_x})^2 > 0,$$

$$(\frac{Cov(X, Y)}{\sigma_x^2} - \frac{\mu_y}{\mu_x})^2 > 0 \quad \text{oder}$$

(7.3.2) $(\beta - \frac{\mu_y}{\mu_x})^2 > 0$ aufgrund einfacher Umformungen.

Bedingung (7.3.2) bedeutet, daß die Regressionsschätzung der Verhältnisschätzung überlegen ist, wenn der Regressionskoeffizient β von dem Verhältnis μ_y/μ_x abweicht. Dies ist immer dann der Fall, wenn in einem Streudiagramm der aus den Wertepaaren $(X_i|Y_i)$, $i = 1, \ldots, N$ gebildeten Punkte die Verbindungslinie des aus den Erwartungswerten gebildeten Punktes $(\mu_x|\mu_y)$ mit dem Ursprung eine andere Steigung aufweist als die OLS-Regressionsgerade, die bekanntlich ebenfalls durch $(\mu_x|\mu_y)$ verläuft.

Zur Veranschaulichung von Bedingung (7.3.2) kann man auch unter der üblichen Annahme, daß die Störgrößen den Erwartungswert Null besitzen, in (7.1.1) den Erwartungswert der erklärenden Variablen berechnen, nämlich

$$\mu_y = \alpha + \beta \cdot \mu_x \tag{7.3.3}$$

und erkennt sodann, daß $\beta = \mu_y/\mu_x$ bedeutet, daß $\alpha = 0$, d.h. daß die Regression durch den Ursprung verlaufen muß, damit die Varianz der Verhältnisschätzung nicht größer wird als die Varianz der Regressionsschätzung. Eine Regression, die durch den Ursprung verläuft, entspricht jedoch gerade dem zuvor beschriebenen Fall.

Eine Abschätzung der Verzerrung der Regressionsschätzung findet man in Jessen [1978], S. 135. Wie man dort sieht, verschwindet die Verzerrung für große n. Nach Hansen-Hurwitz-Madow ([1953], S. 251) folgt im übrigen die Konsistenz einer Regressionsschätzung der Art (7.2.1) daraus, daß $\bar{y}$, $\bar{x}$ und b konsistente Schätzungen von μ_y, μ_x und β sind. Eine Diskussion unverzerrter Modifikationen des Regressionsschätzers findet man in Kendall-Stuart ([1966], S. 219-220).

Ein ausführliches Rechenbeispiel für eine Regressionsschätzung wird in UN [1972], S. 162-165 vorgeführt mit den Daten, die der Verhältnisschätzung des Durchschnittsbestandes an Vieh pro Farm zugrundelagen. Für größere Stichproben sollte man eines der üblichen Computerprogramme zur Schätzung des Regressionskoeffizienten heranziehen.

Übungsaufgaben

7.1. Wie lauten die beiden Bestimmungsgleichungen einer linearen Einfachregression?

7.2. Berechnen Sie mit den Angaben von Aufgabe 6.2 eine Regressionsschätzung des Gesamtertrages für dieses Jahr.

7.3. Wann sollte man die Regressionsschätzung
a) der Schätzung mit dem einfachen Zufallsmodell,
b) der Verhältnisschätzung
vorziehen?

Weiterführende Literatur

Hansen-Hurwitz-Madow [1953I]
Hansen-Hurwitz-Madow [1953II]
Deming [1957
Mickey [1959]
Cochran [1972]
UN [1972]
Jessen [1978]
Leiner [1980]

8. Kapitel
Mehrstufige Stichproben

8.1. Allgemeines

Wird aus einer Grundgesamtheit G eine Stichprobe S_1 gezogen und danach aus S_1 eine weitere Stichprobe (Unterstichprobe) S_2 gezogen, so bezeichnet man dieses Vorgehen als eine zweistufige Stichprobe.

Gilt allgemein für fortgesetzte Stichprobenziehungen, daß die einer Stichprobe zugehörige Menge die Auswahlgrundlage für die jeweils nachfolgende Stichprobenziehung ist, so spricht man von mehrstufigen Stichproben. Hierbei lassen sich während der Datengewinnung natürliche Hierarchien ausnutzen, nachfolgende Mengen sind also subordiniert.

Beispiel: In der Bundesrepublik Deutschland könnte eine mehrstufige Stichprobe so durchgeführt werden, daß auf der ersten Stufe Bundesländer, auf der zweiten Stufe Kreise dieser Bundesländer, auf der dritten Stufe Gemeinden dieser Kreise, auf der vierten Stufe Gemeindeteile dieser Gemeinden, auf der fünften Stufe Straßen der ausgewählten Gemeindeteile, auf der sechsten Stufe Häuser dieser Straße und auf der siebten Stufe Wohnungen (Haushalte) dieser ausgewählten Häuser die Erhebungseinheiten darstellen.

In einem Urnenmodell entspricht die mehrstufige Stichprobe mehreren ineinander verschachtelten Urnen verschiedener Stufen, wobei auf der gleichen Stufe mehrere gleichberechtigte Urnen auftreten können. Bis auf die innersten Urnen der letzten Auswahlstufe, die die Kugeln enthalten (Untersuchungseinheiten), enthalten die sie umgebenden Urnen also nur kleinere Urnen (Erhebungseinheiten). Jede dieser Urnen könnte also separat als eine Grundgesamtheit angesehen werden, aus der Ziehungen vorgenommen werden.

Ein organisatorischer Vorteil und damit auch ein Kostenvorteil der mehrstufigen Auswahl besteht darin, daß man nur für die ausgewählten Erhebungseinheiten für die Erhebungseinheiten der nächsten Stufe genaue Erhebungsunterlagen (z.B. Adressenlisten) benötigt , während die reine Zufallsauswahl für jede in der Grundgesamtheit enthaltene Erhebungseinheit, wo sie sich auch immer befinden mag, derartige Kenntnisse erfordert.

Zu dem Kostenvorteil gesellt sich ein geringerer Zeitbedarf vor Ort und weitere erhebungstechnische Vereinfachungen bieten sich an (wenn ein Interviewer die ausgewählte Gemeinde übernehmen kann, verringern sich die Reisekosten, auch vereinfacht sich die Überwachung der Interviewer).

Das Modell der mehrstufigen Stichprobe läßt sich, um den Bedürfnissen der Praxis entgegenzukommen, vielfältig mit anderen Auswahlverfahren verknüpfen. Diese kombinierten Modelle sind zum Teil rechentechnisch recht anspruchsvoll. Eine kleine Auswahl dieser Modelle mit den zugehörigen Formeln und Rechenbeispielen findet man z.B. in UN [1972] zusammengestellt. Zur leichteren Einarbeit betrachten wir zunächst ein reines zweistufiges Zufallsmodell.

8.2. Das zweistufige Stichprobenmodell

Die Betrachtung eines zweistufigen Stichprobenmodells erfordert zunächst einmal eine beachtliche Erweiterung und Verfeinerung unserer bisherigen Notation:

N = Umfang der Grundgesamtheit (genauer: Anzahl der Einheiten der zweiten Stufe (Sekundäreinheiten) in der Grundgesamtheit). (Merke: Sekundäreinheiten sind die Untersuchungseinheiten)

n = Stichprobenumfang (genauer: Anzahl der in der zweiten Stufe erfaßten Einheiten. Dies sind also die in der Stichprobe erfaßten Untersuchungseinheiten)

M = Anzahl der Einheiten der ersten Stufe (Primäreinheiten) in der Grundgesamtheit (also alle Erhebungseinheiten in der Grundgesamtheit)

m = Anzahl der in der Stichprobe erfaßten Primäreinheiten ($m \leq M$)

N_j = Anzahl der in der j-ten erststufigen Einheit enthaltenen Sekundäreinheiten der Grundgesamtheit ($j=1,\dots,M$)

n_j = Anzahl der mittels der j-ten erststufigen Einheit in der Stichprobe erfaßten Sekundäreinheiten ($j=1,\dots,m$)

X_{jk} = Merkmalswert der k-ten Sekundäreinheit, die in der Grundgesamtheit der j-ten erststufigen Einheit zuzuordnen ist ($j=1,\dots,M$; $k=1,\dots,N_j$)

x_{jk} = Merkmalswert der k-ten Sekundäreinheit, die in der Stichprobe aus der j-ten erststufigen Einheit gezogen wurde ($j=1,\dots,m$; $k=1,\dots,n_j$)

X_j = Summe der(zweitstufigen)Merkmalswerte aus der j-ten erststufigen Einheit in der Grundgesamtheit ($j=1,\dots,M$)

x_j = Summe der(zweitstufigen)Merkmalswerte der Stichprobe, die mittels der j-ten erststufigen Einheit erfaßt wurden ($j=1,\dots,m$)

$\bar{\bar{X}}_j=\mu_j$=Durchschnitt der (zweitstufigen) Merkmalswerte aus der j-ten erststufigen Einheit in der Grundgesamtheit ($j=1,\dots,M$)

$\bar{\bar{x}}_j$ = Durchschnitt der (zweitstufigen) Merkmalswerte der Stichprobe, die mittels der j-ten erststufigen Einheit erfaßt wurden ($j=1,\dots,m$)

X = Summe der (zweitstufigen) Merkmalswerte in der Grundgesamtheit

x = Summe der (zweitstufigen) Merkmalswerte in der Stichprobe

$\bar{\bar{X}}=\mu$= Durchschnitt der (zweitstufigen) Merkmalswerte in der Grundgesamtheit

$\bar{\bar{x}}$ = Durchschnitt der (zweitstufigen) Merkmalswerte in der Stichprobe.

$\bar{X}$ = Durchschnitt der (zweitstufigen) Merkmalswerte je erststufige Einheit in der Grundgesamtheit

$\bar{x}$ = Durchschnitt der (zweitstufigen) Merkmalswerte je erststufige Einheit in der Stichprobe

Somit gelten folgende Beziehungen (vgl. auch Menges [1959], S. 116-117, Deming [1957], S. 142-145, Kellerer [1963], S. 142)

(8.2.1) $N = \sum_{j=1}^{M} N_j$

(8.2.2) $n = \sum_{j=1}^{m} n_j$

(8.2.3) $X_j = \sum_{k=1}^{N_j} X_{jk} \qquad j = 1, \ldots, M$

(8.2.4) $x_j = \sum_{k=1}^{n_j} x_{jk} \qquad j = 1, \ldots, m$

(8.2.5) $\bar{\bar{X}}_j = \frac{1}{N_j} \sum_{k=1}^{N_j} X_{jk} = \frac{X_j}{N_j} = \mu_j \qquad j = 1, \ldots, M$

(8.2.6) $\bar{\bar{x}}_j = \frac{1}{n_j} \sum_{k=1}^{n_j} x_{jk} = \frac{x_j}{n_j} \qquad j = 1, \ldots, m$

(8.2.7) $X = \sum_{j=1}^{M} X_j = \sum_{j=1}^{M} \sum_{k=1}^{N_j} X_{jk}$

(8.2.8) $x = \sum_{j=1}^{m} x_j = \sum_{j=1}^{m} \sum_{k=1}^{n_j} x_{jk}$

(8.2.9) $\bar{\bar{X}} = \frac{X}{N} = \frac{1}{N} \sum_{j=1}^{M} \sum_{k=1}^{N_j} X_{jk} = \frac{\sum_{j=1}^{M} X_j}{\sum_{j=1}^{M} N_j} = \mu$

(8.2.10) $\bar{\bar{x}} = \frac{x}{n} = \frac{1}{n} \sum_{j=1}^{m} \sum_{k=1}^{n_j} x_{jk} = \frac{\sum_{j=1}^{m} x_j}{\sum_{j=1}^{m} n_j}$

(8.2.11) $\bar{X} = \frac{X}{M}$

und

(8.2.12) $\bar{x} = \frac{x}{m}$.

Mit Großbuchstaben werden also Werte der Grundgesamtheit bezeichnet, während Kleinbuchstaben anzeigen, daß es sich um

Werte der Stichprobe handelt. Zwei Querstriche deuten an, daß es sich um Mittelwerte der Sekundäreinheiten handelt (dies sind die uns vorrangig interessierenden Untersuchungseinheiten). Da ein Querstrich bedeutet, daß es sich um auf Primäreinheiten bezogene Mittelwerte (der Sekundäreinheiten) handelt, ist in dieser Notation $\bar{x}$ wohl vom Stichprobenmittelwert der früheren Notation zu unterscheiden.

Eine Schätzung von X_j, der Summe der zweitstufigen Merkmalswerte aus der j-ten erststufigen Einheit in der Grundgesamtheit, die wir mit $\hat{X}_j$ bezeichnen wollen, erhält man mittels der $\bar{x}_j$ der Stichprobe durch die Hochrechnung

$$(8.2.13)\quad \hat{X}_j = N_j \cdot \bar{\bar{x}}_j = N_j \cdot \frac{x_j}{n_j} = \frac{N_j}{n_j} \sum_{k=1}^{n_j} x_{jk} = \frac{1}{f_j} \sum_{k=1}^{n_j} x_{jk}$$

wobei $f_j = n_j/N_j$ wieder den Auswahlsatz bezeichnet, diesmal bezogen auf die j-te Primäreinheit.

Aus den $\hat{X}_j$ gewinnt man eine Schätzung der Summe der (zweitstufigen) Merkmalswerte in der Grundgesamtheit, die wir mit $\hat{X}$ bezeichnen, durch eine Umrechnung (die aus den Stichprobenangaben ermittelte Summe $\sum_{j=1}^{m} X_j$ muß mit dem Faktor $\frac{M}{m}$ auf M erststufige Einheiten in der Grundgesamtheit korrigiert werden)

$$(8.2.14)\quad \hat{X} = \frac{M}{m} \sum_{j=1}^{m} \hat{X}_j = \frac{M}{m} \sum_{j=1}^{m} N_j \cdot \bar{\bar{x}}_j = \frac{M}{m} \sum_{j=1}^{m} N_j \cdot \frac{x_j}{n_j}$$

$$= \frac{M}{m} \sum_{j=1}^{m} \frac{N_j}{n_j} \sum_{k=1}^{n_j} x_{jk} = \frac{M}{m} \sum_{j=1}^{m} \frac{1}{f_j} \sum_{k=1}^{n_j} x_{jk} .$$

Schließlich errechnet man hieraus eine Schätzung des Durchschnitts der (zweitstufigen) Merkmalswerte in der Grundgesamtheit (also eine Schätzung ihres Erwartungswerts μ), die wir mit $\hat{\bar{\bar{X}}} = \hat{\mu}$ bezeichnen wollen. Auch hier sollen einige Umformungen die Komplexität der Berechnungen erkennen lassen, die im Gegensatz zu einer direkten Schätzung alle Strukturinformationen dieses Modells ausnutzen. Wir erhalten somit

$$(8.2.15)\quad \hat{\bar{X}} = \frac{\hat{X}}{N} = \frac{M}{N\cdot m}\sum_{j=1}^{m}\hat{X}_j = \frac{M}{N\cdot m}\sum_{j=1}^{m}N_j\cdot\bar{x}_j = \frac{M}{N\cdot m}\sum_{j=1}^{m}N_j\cdot\frac{x_j}{n_j}$$

$$= \frac{M}{N\cdot m}\sum_{j=1}^{m}\frac{N_j}{n_j}\sum_{k=1}^{n_j}x_{jk} = \frac{1}{N}\cdot\frac{M}{m}\sum_{j=1}^{m}\frac{1}{f_j}\sum_{k=1}^{n_j}x_{jk}\ .$$

Die direkte Schätzung des Erwartungswerts mit dem Stichprobenmittel

$$(8.2.16)\quad \tilde{\bar{X}} = \frac{1}{n}\sum_{j=1}^{m}\sum_{k=1}^{n_j}x_{jk}$$

kann, wie wir durch Vergleich erkennen, nur dann zum gleichen Ergebnis wie (8.2.15) führen, wenn M=m, d.h. wenn alle erststufigen Einheiten der Grundgesamtheit in der Stichprobe vertreten sind und zusätzlich $f_j = f$, d.h. wenn in allen erststufigen Einheiten der gleiche Auswahlsatz vorliegt. Da das gleichzeitige Vorliegen beider Bedingungen in der Praxis kaum anzutreffen sein wird, ist (8.2.15) der Vorzug zu geben, wenn auch die Berechnungen ein wenig aufwendiger sind.

Mit den Stichprobeninformationen schätzt man $\bar{X}$, den Durchschnitt der (zweitstufigen) Merkmalswerte je erststufige Einheit in der Grundgesamtheit, durch

$$(8.2.17)\quad \hat{\bar{X}} = \frac{1}{m}\sum_{j=1}^{m}N_j\cdot\bar{x}_j = \frac{1}{m}\sum_{j=1}^{m}\hat{X}_j = \frac{\hat{X}}{M}\ ,$$

denn $\bar{x}_j$ ist eine erwartungstreue Schätzung von $\bar{X}_j$.

Für das zweistufige Stichprobenmodell treten zu den bisherigen Streuungsbegriffen solche der erststufigen Einheiten hinzu, die wir zuerst betrachten wollen.

Die externe Streuung, bezogen auf die erststufigen Einheiten in der Grundgesamtheit, ist definiert durch

$$(8.2.18)\quad \sigma_e^2 = \frac{1}{M}\sum_{j=1}^{M}(X_j - \bar{X})^2,$$

während die externe Streuung, bezogen auf die erststufigen Einheiten in der Stichprobe, berechnet wird mit

$$(8.2.19)\quad s_e^2 = \frac{1}{m}\sum_{j=1}^{m}(x_j - \hat{\bar{X}})^2.$$

Davon zu unterscheiden ist die externe Streuung der Durchschnitte μ_j der Sekundäreinheiten in der Grundgesamtheit (Gewichtung mit den Anteilen der Primäreinheiten), die definiert ist durch (b steht für between)

$$(8.2.20)\quad \sigma_b^2 = \frac{1}{N}\sum_{j=1}^{M}N_j\cdot(\mu_j - \mu)^2,$$

während die externe Streuung der Durchschnitte $\bar{\bar{x}}_j$ der Sekundäreinheiten in der Stichprobe (Gewichtung mit den dortigen Anteilen der Primäreinheiten) berechnet wird mit

$$(8.2.21)\quad s_b^2 = \frac{1}{n}\sum_{j=1}^{m}n_j\cdot(\bar{\bar{x}}_j - \hat{\bar{\bar{X}}})^2 .$$

Die interne Streuung der Merkmalswerte der Sekundäreinheiten, die in der Grundgesamtheit innerhalb der j-ten erststufigen Einheit zu beobachten ist, ist definiert durch

$$(8.2.22)\quad \sigma_j^2 = \frac{1}{N_j}\sum_{k=1}^{N_j}(X_{jk} - \mu_j)^2 \qquad j = 1, \ldots, M,$$

während die interne Streuung der Merkmalswerte der Sekundäreinheiten, die in der Stichprobe aus der j-ten erststufigen Einheit gezogen wurden, berechnet wird mit

$$(8.2.23)\quad s_j^2 = \frac{1}{n_j}\sum_{k=1}^{n_j}(x_{jk} - \bar{\bar{x}}_j)^2 \qquad j = 1, \ldots, m.$$

Die Gesamtstreuung der Merkmalswerte der Sekundäreinheiten in der Grundgesamtheit ist definiert durch

$$(8.2.24)\quad \sigma^2 = \frac{1}{N} \sum_{j=1}^{M} \sum_{k=1}^{N_j} (X_{jk} - \mu)^2 ,$$

während die Gesamtstreuung der Merkmalswerte der Sekundäreinheiten in der Stichprobe berechnet wird mit

$$(8.2.25)\quad s^2 = \frac{1}{n} \sum_{j=1}^{m} \sum_{k=1}^{n_j} (x_{jk} - \hat{\bar{\bar{X}}})^2 .$$

Eine erwartungstreue Schätzung von σ^2 liefert

$$(8.2.26)\quad \tilde{s}^2 = \frac{1}{n-1} \sum_{j=1}^{m} \sum_{k=1}^{n_j} (x_{jk} - \hat{\bar{\bar{X}}})^2 ,$$

da mit der Anzahl der Freiheitsgrade normiert ist.

Im übrigen kann man zeigen, daß sich wie im Schichtenmodell (Abschnitt 5.1) auch im zweistufigen Stichprobenmodell die Gesamtstreuung in der Grundgesamtheit zerlegen läßt in

$$(8.2.27)\quad \sigma^2 = \sum_{j=1}^{M} \pi_j \cdot \sigma_j^2 + \sum_{j=1}^{M} \pi_j \cdot (\mu_j - \mu)^2 \quad (\text{mit } \pi_j = \frac{N_j}{N})$$

$$= \sigma_w^2 + \sigma_b^2 ,$$

wobei

$$(8.2.28)\quad \sigma_w^2 = \frac{1}{N} \sum_{j=1}^{M} N_j \cdot \sigma_j^2$$

ein gewogenes arithmetisches Mittel der internen Streuungen darstellt (w steht für within).

Da mit (8.2.24) die Varianz σ^2 der Sekundäreinheiten X_{jk} in der Grundgesamtheit angegeben ist, erhalten wir mit (8.2.7) für die Summe dieser Sekundäreinheiten die Varianz

$$(8.2.29)\quad V(X) = V\left(\sum_{j=1}^{M}\sum_{k=1}^{N_j} X_{jk}\right) \underset{\text{u.a.}}{=} \sum_{j=1}^{M}\sum_{k=1}^{N_j} V(X_{jk})$$

$$= \sum_{j=1}^{M} N_j \cdot \sigma^2 = \sigma^2 \sum_{j=1}^{M} N_j = N \cdot \sigma^2,$$

wobei u.a. andeutet, daß die X_{jk} voneinander unabhängig sind.

Hieraus erhalten wir für den Durchschnitt $\bar{\bar{X}}$ der (zweitstufigen) Merkmalswerte in der Grundgesamtheit die Varianz

$$(8.2.30)\quad V(\bar{\bar{X}}) = V\left(\frac{X}{N}\right) = \frac{1}{N^2} \cdot V(X) = \frac{1}{N^2} \cdot N \cdot \sigma^2 = \frac{\sigma^2}{N}$$

sowie wegen (8.2.11) für den Durchschnitt der (zweitstufigen) Merkmalswerte je erststufige Einheit in der Grundgesamtheit die Varianz

$$(8.2.31)\quad V(\bar{X}) = V\left(\frac{X}{M}\right) = \frac{1}{M^2} \cdot V(X) = \frac{N \cdot \sigma^2}{M^2} .$$

Die Schichtenbildung (geschichtete Auswahl) kann als Spezialfall einer mehrstufigen Stichprobe angesehen werden. Wird z.B. in einer Stadt eine Schichtung nach Stadtteilen vorgenommen und werden zufällig aus jedem Stadtteil Untersuchungseinheiten zur Befragung ausgewählt, so ist dies eine zweistufige Stichprobe mit $m = M$, d.h. alle Einheiten der ersten Stufe (Stadtteile) gelangen in die Stichprobe, so daß alle Schichten repräsentiert sind. Wie stark die einzelnen Schichten repräsentiert werden, hängt dann von den n_j ab.

Im nächsten Kapitel werden wir einen weiteren Spezialfall der mehrstufigen Stichprobe betrachten, nämlich die Klumpenauswahl, in der die Anzahl der ausgewählten letztstufigen Einheiten der Stichprobe mit der Anzahl aller Einheiten dieser letzten Stufe in der Grundgesamtheit übereinstimmt, d.h. es gilt dann in unserer Notation $n_j = N_j$ für $j = 1, \ldots, m$.

Zuvor wollen wir noch einige Besonderheiten einer dreistufigen Stichprobe betrachten.

8.3. Das dreistufige Stichprobenmodell

8.3.1. Das allgemeine Modell

Wir betrachten hier nur ein stark vereinfachtes Modell von Kendall-Stuart ([1966], S. 189-190).

Seien

N = Umfang der Grundgesamtheit,

N_1 = Anzahl der erststufigen Einheiten in der Grundgesamtheit,

N_{i2} = Anzahl der zweitstufigen Einheiten der i-ten erststufigen Einheit in der Grundgesamtheit,

N_{ij3} = Anzahl der drittstufigen Einheiten der j-ten zweitstufigen Einheit (die ihrerseits der i-ten erststufigen Einheit angehört) in der Grundgesamtheit.

Dann gilt für den Umfang der Grundgesamtheit

$$(8.3.1) \quad N = \sum_{i=1}^{N_1} \sum_{j=1}^{N_{i2}} N_{ij3} .$$

Für den Stichprobenumfang n gilt entsprechend

$$(8.3.2) \quad n = \sum_{i=1}^{n_1} \sum_{j=1}^{n_{i2}} n_{ij3}$$

mit

n_1 = Anzahl der erststufigen Einheiten in der Stichprobe,

n_{i2} = Anzahl der zweitstufigen Einheiten der i-ten erststufigen Einheit der Stichprobe,

n_{ij3} = Anzahl der drittstufigen Einheiten der j-ten zweitstufigen Einheit (die ihrerseits der i-ten erststufigen Einheit angehört) in der Stichprobe.

Weiter seien

X_{ijk} = Merkmalswert der k-ten Einheit der dritten Stufe der Grundgesamtheit (aus der j-ten zweitstufigen und i-ten erststufigen Einheit) mit

$i = 1, \ldots, N_1$ (1. Stufe)

$j = 1, \ldots, N_{i2}$ (2. Stufe)

$k = 1, \ldots, N_{ij3}$ (3. Stufe)

und

x_{ijk} = Merkmalswert der in der Stichprobe erfaßten Einheit, die der i-ten ersten Stufe, der j-ten zweiten Stufe und der k-ten dritten Stufe zuzurechnen ist, mit
$i = 1, \ldots, n_1$ (1. Stufe)
$j = 1, \ldots, n_{i2}$ (2. Stufe)
$k = 1, \ldots, n_{ij3}$ (3. Stufe).

Für den Erwartungswert der Merkmalswerte der drittstufigen Einheiten der Grundgesamtheit gilt dann

$$(8.3.3)\quad \mu = \frac{1}{N} \sum_{i=1}^{N_1} \sum_{j=1}^{N_{i2}} \sum_{k=1}^{N_{ij3}} X_{ijk}$$

während man die Summe der Merkmalswerte der drittstufigen Einheiten in der Grundgesamtheit erhält mit

$$(8.3.4)\quad X = \sum_{i=1}^{N_1} \sum_{j=1}^{N_{i2}} \sum_{k=1}^{N_{ij3}} X_{ijk} = N \cdot \mu \;.$$

Beispiel: In einem Urnenmodell für eine dreistufige Stichprobe seien
$N = 30$ (Anzahl der Kugeln insgesamt)
$N_1 = 3$ (Anzahl der erststufigen großen Urnen)
$N_{12} = 2$, $N_{22} = 3$, $N_{32} = 2$ (Anzahl der in diesen jeweils enthaltenen kleinen Urnen)
$N_{113} = 6$, $N_{123} = 5$, $N_{213} = 5$, $N_{223} = 4$, $N_{233} = 3$, $N_{313} = 5$, $N_{323} = 2$ (Anzahl der Kugeln in den kleinen Urnen)
Beispielsweise wäre X_{321} der Merkmalswert, der der 29. Kugel zuzurechnen ist. Der Leser veranschauliche sich dies durch eine Zeichnung.

8.3.2. Ein spezielles Modell

In diesem dreistufigen Modell besitzen nachgeordnete Stufen gleichen Niveaus gleiche Umfänge. Dadurch ergeben sich weitere Vereinfachungen.

In dem zuvor betrachteten allgemeinen Modell würde man den Erwartungswert μ aufgrund der Stichprobeninformationen erwartungstreu schätzen mittels

$$(8.3.5)\quad \hat{\mu} = \frac{N_1}{N\cdot n_1}\sum_{i=1}^{n_1}\frac{N_{i2}}{n_{i2}}\sum_{j=1}^{n_{i2}}\frac{N_{ij3}}{n_{ij3}}\sum_{k=1}^{n_{ij3}} x_{ijk}\ .$$

Enthalten im speziellen Modell die einzelnen Stufen jeweils gleiche Anzahlen von Elementen der folgenden Stufe, gilt also

$$(8.3.6)\quad N_{i2} = N_2 \quad \text{für } i = 1, \ldots, N_1$$

$$(8.3.7)\quad N_{ij3} = N_3 \quad \text{für } i = 1, \ldots, N_1 \text{ und } j = 1, \ldots, N_2$$

und ebenso in der Stichprobe

$$(8.3.8)\quad n_{i2} = n_2 \quad \text{für } i = 1, \ldots, n_1$$

$$(8.3.9)\quad n_{ij3} = n_3 \quad \text{für } i = 1, \ldots, n_1 \text{ und } j = 1, \ldots, n_2\ ,$$

so vereinfacht sich (8.3.5) zu

$$(8.3.10)\quad \hat{\mu} = \frac{N_1\cdot N_2\cdot N_3}{N\cdot n_1\cdot n_2\cdot n_3}\sum_{i=1}^{n_1}\sum_{j=1}^{n_2}\sum_{k=1}^{n_3} x_{ijk}$$

$$= \frac{1}{n}\sum_{i=1}^{n_1}\sum_{j=1}^{n_2}\sum_{k=1}^{n_3} x_{ijk} = \bar{\bar{\bar{x}}}\ ,$$

d.h. man kann als Schätzwert das Stichprobenmittel $\bar{\bar{\bar{x}}}$ nehmen, weil mit (8.3.6) und (8.3.7) aus (8.3.1) folgt

$$(8.3.11)\quad N = N_1\cdot N_2\cdot N_3$$

und mit (8.3.8) und (8.3.9) aus (8.3.2) folgt

$$(8.3.12)\quad n = n_1\cdot n_2\cdot n_3\ .$$

Die Summe der Merkmalswerte der drittstufigen Einheiten in der Grundgesamtheit schätzt man aufgrund der Stichprobeninformationen mit

$$(8.3.13)\quad \hat{X} = N\cdot\hat{\mu} = \frac{N}{n}\sum_{i=1}^{n_1}\sum_{j=1}^{n_2}\sum_{k=1}^{n_3} x_{ijk}$$

in diesem speziellen Modell.

Beispiel: Für $N_1 = 3$ Urnen der ersten Stufe, von denen jede $N_2 = 2$ Urnen der zweiten Stufe enthält, wobei in jeder der kleineren Urnen $N_3 = 5$ Kugeln liegen, ergeben sich $N = N_1 \cdot N_2 \cdot N_3 = 3 \cdot 2 \cdot 5 = 30$ Kugeln als drittstufige Einheiten.

In diesem speziellen Modell lassen sich in der Grundgesamtheit folgende Mittelwerte unterscheiden

(1) Der Erwartungswert μ

$$(8.3.14)\quad \mu = \frac{1}{N} \sum_{i=1}^{N_1} \sum_{j=1}^{N_2} \sum_{k=1}^{N_3} X_{ijk} \; .$$

Er wird aus den Merkmalswerten aller Einheiten der dritten Stufe (tertiären Einheiten) gebildet.

(2) Die N_1 Mittelwerte μ_i der ersten Stufe

$$(8.3.15)\quad \mu_i = \frac{1}{N_2 \cdot N_3} \sum_{j=1}^{N_2} \sum_{k=1}^{N_3} X_{ijk} \qquad i = 1, \ldots, N_1$$

μ_i ist der Mittelwert der Merkmalswerte derjenigen tertiären Einheiten, die der i-ten primären Einheit entstammen.

(3) Die $N_1 \cdot N_2$ Mittelwerte μ_{ij} der zweiten Stufe

$$(8.3.16)\quad \mu_{ij} = \frac{1}{N_3} \sum_{k=1}^{N_3} X_{ijk} \qquad i = 1, \ldots, N_1 \; ; \quad j = 1, \ldots, N_2$$

μ_{ij} ist der Mittelwert der Merkmalswerte derjenigen tertiären Einheiten, die der i-ten primären Einheit und sodann der j-ten sekundären Einheit entstammen.

Hiermit lassen sich in der Grundgesamtheit folgende Varianzen unterscheiden

(1) Varianz der Mittelwerte μ_i der ersten Stufe

$$(8.3.17)\quad \sigma_I^2 = \frac{1}{N_1} \sum_{i=1}^{N_1} (\mu_i - \mu)^2$$

(2) Varianz der Mittelwerte μ_{ij} der zweiten Stufe

$$(8.3.18)\quad \sigma^2_{II} = \frac{1}{N_1 \cdot N_2} \sum_{i=1}^{N_1} \sum_{j=1}^{N_2} (\mu_{ij} - \mu_i)^2$$

(3) Varianz der tertiären Einheiten um μ_{ij}

$$(8.3.19)\quad \sigma^2_{III} = \frac{1}{N} \sum_{i=1}^{N_1} \sum_{j=1}^{N_2} \sum_{k=1}^{N_3} (X_{ijk} - \mu_{ij})^2 .$$

Nun kann die Varianz der tertiären Einheiten als Gesamtvarianz

$$(8.3.20)\quad \sigma^2 = \frac{1}{N} \sum_{i=1}^{N_1} \sum_{j=1}^{N_2} \sum_{k=1}^{N_3} (X_{ijk} - \mu)^2$$

in die Varianzen σ^2_I , σ^2_{II} und σ^2_{III} zerlegt werden. Man kann nämlich (8.3.20) weiterentwickeln zu

$$(8.3.21)\quad \sigma^2 = \frac{1}{N} \sum_{i=1}^{N_1} \sum_{j=1}^{N_2} \sum_{k=1}^{N_3} [(X_{ijk}-\mu_{ij})+(\mu_{ij}-\mu_i)+(\mu_i-\mu)]^2$$

$$= \sigma^2_{III} + \frac{1}{N_3} \sum_{k=1}^{N_3} \sigma^2_{II} + \frac{1}{N_2 \cdot N_3} \sum_{j=1}^{N_2} \sum_{k=1}^{N_3} \sigma^2_I$$

$$+ \frac{2}{N} \sum_{i=1}^{N_1} \sum_{j=1}^{N_2} (\mu_{ij}-\mu_i) \cdot \underbrace{\sum_{k=1}^{N_3} (X_{ijk}-\mu_{ij})}_{= 0 \text{ wegen } (8.3.16)}$$

$$+ \frac{2}{N} \sum_{i=1}^{N_1} (\mu_i-\mu) \sum_{j=1}^{N_2} \underbrace{\sum_{k=1}^{N_3} (X_{ijk}-\mu_{ij})}_{= 0 \text{ wegen } (8.3.16)}$$

$$+ \frac{2N_3}{N} \sum_{i=1}^{N_1} (\mu_i-\mu) \cdot \underbrace{\sum_{j=1}^{N_2} (\mu_{ij}-\mu_i)}_{= 0, \text{ denn } \mu_i = \frac{1}{N_2} \sum_{j=1}^{N_2} \mu_{ij}}$$

$$= \sigma^2_{III} + \sigma^2_{II} + \sigma^2_I .$$

In Cochran [1972], S. 336 findet man eine Schätzformel der Varianz des Stichprobenmittels $\hat{\mu}$ der Form (8.3.10).

Übungsaufgaben

8.1. Was versteht man unter einer mehrstufigen Stichprobe?

8.2. Definieren Sie für die Grundgesamtheit einer zweistufigen Stichprobe

a) die interne Streuung der Merkmalswerte der Sekundäreinheiten, die der j-ten erststufigen Einheit zuzurechnen sind,

b) die externe Streuung der Durchschnitte μ_j der Sekundäreinheiten.

(j=1,...,M. M=Anzahl der erststufigen Einheiten der Grundgesamtheit)

8.3. Welche beiden (bekannte) Stichprobenmodelle enthält die mehrstufige Stichprobe als Spezialfälle?

8.4. Wie läßt sich in einem dreistufigen Stichprobenmodell mit den Stufenumfängen N_1, N_2 und N_3 (bzw. in der Stichprobe: n_1, n_2 und n_3)

a) der Erwartungswert der Merkmalswerte der Grundgesamtheit,

b) die Summe der Merkmalswerte der Grundgesamtheit

schätzen?

Weiterführende Literatur

Deming [1957]
Menges [1959]
Kellerer [1963]
Kendall-Stuart [1966]
Stenger [1971]
Cochran [1972]
UN [1972]
Menges-Skala [1973]
Stenger [1974]
Jessen [1978]
Krug-Nourney [1982]
Brewer-Hanif [1983]

9. Kapitel
Klumpenauswahl

9.1. Allgemeines

In Verbindung mit mehrstufigen Stichproben kommt es in der Praxis öfters vor, daß die Einheiten der letzten Stufe voll erhoben werden, d.h. daß Angaben über alle Angehörigen eines erfaßten Haushalts (bzw. Unternehmens) erfragt werden. Hierzu genügt es zumeist, nur eine Person, die dieser Erhebungseinheit angehört, zu befragen. So besteht die Erhebungseinheit Haushalt aus einem Klumpen (engl. cluster) von Untersuchungseinheiten, d.h. von Personen, deren Merkmale erfragt werden. Im Urnenmodell bedeutet dies, daß aus einer der ausgewählten innersten Urnen alle Kugeln entnommen und ihre Modalitäten notiert werden.

Der Vorteil der Klumpenauswahl liegt in ihrer Einfachheit und der damit verbundenen Zeit- und Kostenersparnis im Vergleich zur reinen Zufallsauswahl, in der alle Untersuchungseinheiten der Auswahl separat aufgesucht und befragt werden müssen. Somit sind für die Klumpenauswahl die für die reine Zufallsauswahl erforderlichen Adressenlisten entbehrlich.

Weisen die erfaßten Einheiten eines Klumpens (z.B. Bewohner eines Hauses) hinsichtlich der erfragten Merkmale eine ungewöhnlich starke Variation auf, so spricht man von einem positiven Klumpeneffekt, d.h. die Klumpenauswahl kann dann anderen Auswahlverfahren überlegen sein. Im übrigen kann es dem Ziel einer Erhebung durchaus entgegenkommen, wenn Klumpen gebildet werden (z.B. Untersuchung der zwischenmenschlichen Verhältnisse in einem Betrieb).

Für Meinungsbefragungen können allerdings Klumpen von Nachteil sein, wenn im Klumpen (Wahlbezirk, Familie, Betrieb) bezüglich gewisser Themen starke Übereinstimmung herrscht (negativer Klumpeneffekt). Solche Übereinstimmungen sind besonders zu erwarten, wenn in den Klumpen ethnische Minderheiten oder soziologische Randgruppen zusammengefaßt sind. So ist bezüglich gewisser Themen die Klumpenbildung in Ausländerwohnheimen, ebenso wie in Bergmannssiedlungen oder Villenvierteln deswegen abzuraten, weil die berichtete Meinung im Vergleich zu einer reinen Zufallsauswahl ein viel zu hohes Gewicht erhält aufgrund der Anzahl der befragten Personen. Bei der Klumpenbildung ist also darauf zu achten, daß die Klumpen möglichst in sich heterogen sind.

Erhebungstechnisch unterscheidet man natürliche Klumpen und künstliche Klumpen. Natürliche Klumpen sind beispielsweise Haushalte, Familien, Häuser, Häuserblocks, Betriebe und Schulklassen. Als Beispiel für einen künstlichen Klumpen nennt Kellerer ([1963], S. 135) eine Vorwegaufbereitung der Volks- und Berufszählung des Jahres 1946, wobei von je 10.000 der regional angeordneten Personenangaben ein Klumpen von 100 aufeinanderfolgenden Personen ausgewertet wurde. Ein neueres Beispiel (vgl. Krug-Nourney [1982], S. 77) bietet seit 1972 im Mikrozensus der Bundesrepublik Deutschland die jährliche 1%-Erhebung der Bevölkerung und des Erwerbslebens, in der 20 bis 30 benachbarte Haushalte zu einem Klumpen für den Interviewer zusammengefaßt werden.

Für periodisch durchzuführende Erhebungen weisen Klumpen den organisatorischen Vorteil auf, daß nicht für jede einzelne erfaßte Untersuchungseinheit überprüft werden muß, ob sie schon in einer vorangegangenen Erhebung erfaßt wurde oder nicht. In wiederholten Befragungen ist dann allenfalls darauf zu achten, ob der Klumpen (Gemeindeteil, Siedlung, Wohnblock, Haushalt, Betrieb) als Erhebungseinheit bereits in der letzten Befragung existierte und auch ausgewählt wurde. So ist die Klumpenauswahl gegenüber der reinen Zufallsauswahl robuster in Bezug auf die Auswirkungen von Zu- und Abgängen der Untersuchungseinheiten.

Zuweilen finden zweifache Klumpenauswahlen statt, wenn etwa in einem dreistufigen Modell die letzten beiden Stufen voll erhoben werden. Dies ist z.B. der Fall, wenn in einer Untersuchung in einer Gemeinde einige Mehrfamilienhäuser zufällig ausgewählt werden, alle Haushalte in diesen Häusern erfaßt und über alle Haushaltsmitglieder dieser Haushalte Informationen gesammelt werden.

Besonders für Flächenstichprobenverfahren (engl. area sampling), in denen die zufällig ausgewählten Flächen die Erhebungsgrundlage bilden, werden öfters die diesen Flächen zuzurechnenden Untersuchungseinheiten voll erhoben, z.B. Personen und Haushalte, aber auch landwirtschaftliche Betriebe. Im übrigen werden in der Agrarstatistik Weizenerträge dadurch geschätzt, daß auf 1m² großen Flächen der Weizen geerntet und die Erträge auf die zugehörige, mit Weizen bebaute Fläche hochgerechnet werden. Ähnlich läßt sich mit Proberodungen der Holzertrag schätzen. Man kann daher diese Probeernten und Proberodungen als Beispiele künstlicher Klumpenbildung ansehen.

9.2. Die zweistufige Klumpenauswahl

9.2.1. Das allgemeine Modell

Wir betrachten die zweistufige Klumpenauswahl als Spezialfall der mehrstufigen Auswahl in der bisherigen Notation: Die Grundgesamtheit sei unterteilbar in M erststufige Einheiten, denen sich die Merkmalswerte X_{jk} der zweitstufigen Einheiten zuordnen lassen, wobei der Index j $(j=1,...,M)$ die zugehörige erststufige Einheit und der Index k $(k=1,...,N_j)$ die zweitstufige Einheit bezeichnen. M steht also für die Anzahl der Klumpen in der Grundgesamtheit, während N_j die Anzahl der zweitstufigen Einheiten in dem j-ten Klumpen der Grundgesamtheit angibt.

Wird in der 1. Stufe der j-te Klumpen ausgewählt, so gelangen alle N_j Einheiten dieses Klumpens in die Stichprobe, d.h. es gilt $n_j = N_j$ für $j=1,...,m$ (m = Anzahl der Klumpen in der Stichprobe).

Mit

$$(9.2.1) \quad X = \sum_{j=1}^{M} \sum_{k=1}^{N_j} X_{jk}$$

bezeichnen wir die Summe der Merkmalswerte (z.B. Einkommen) aller zweitstufigen Einheiten (z.B. Haushaltsmitglieder).

$$(9.2.2)\quad X_j = \sum_{k=1}^{N_j} X_{jk} \qquad j = 1, \ldots, M$$

gibt die Summe der Merkmalswerte der zweitstufigen Einheiten des j-ten Klumpens in der Grundgesamtheit an.

Demnach steht

$$(9.2.3)\quad \overline{X} = \frac{X}{M}$$

für die durchschnittliche Summe der Merkmalswerte der zweitstufigen Einheiten je Klumpen (durchschnittliches Haushaltseinkommen), während

$$(9.2.4)\quad \overline{\overline{X}} = \frac{X}{N} = \mu$$

der Durchschnitt der Merkmalswerte aller zweitstufigen Einheiten ist (Pro-Kopf-Einkommen).

Die Varianz der Merkmalswerte der zweitstufigen Einheiten in der Grundgesamtheit um ihren Durchschnittswert μ ist definiert durch

$$(9.2.5)\quad \sigma^2 = \frac{1}{N} \sum_{j=1}^{M} \sum_{k=1}^{N_j} (X_{jk} - \mu)^2 .$$

In der Stichprobe schätzt man μ mit

$$(9.2.6)\quad \hat{\mu} = \hat{\overline{\overline{X}}} = \frac{1}{N} \cdot \frac{M}{m} \sum_{j=1}^{m} \sum_{k=1}^{n_j} x_{jk}$$

aufgrund der Stichprobeninformationen x_{jk}. Wegen $n_j = N_j$ für alle j folgt (9.2.6) auch aus (8.2.15), denn dann ist $f_j = 1$.

Man erhält hiermit die Hochrechnung auf X, die Summe der (zweitstufigen) Merkmalswerte in der Grundgesamtheit, durch

$$(9.2.7)\quad \hat{X} = N \cdot \hat{\overline{\overline{X}}} = \frac{M}{m} \sum_{j=1}^{m} \sum_{k=1}^{n_j} x_{jk} .$$

9.2.2. Konstante Anzahl zweitstufiger Einheiten

Als spezielles Modell betrachten wir nun ein Modell mit künstlichen Klumpen, die sich jeweils aus einer konstanten Anzahl C zweitstufiger Einheiten zusammensetzen. Somit gilt $N_j = C$ für $j = 1, \ldots, M$ und wegen

$$(9.2.8) \quad N = C \cdot M$$

schreiben wir für (9.2.4)

$$(9.2.9) \quad \bar{\bar{X}} = \frac{X}{N} = \frac{X}{C \cdot M} = \frac{\bar{X}}{C} = \mu ,$$

d.h. wegen (9.2.3) erhalten wir den Durchschnitt der (zweitstufigen) Merkmalswerte in der Grundgesamtheit dadurch, daß wir den Durchschnitt der (zweitstufigen) Merkmalswerte je erststufigen Einheit (Klumpen) in der Grundgesamtheit noch durch die konstante Anzahl C der Klumpenelemente dividieren.

Für die Varianz der Merkmalswerte der zweitstufigen Einheiten in der Grundgesamtheit um ihren Durchschnitt μ erhält man in diesem speziellen Modell aus (9.2.5)

$$(9.2.10) \quad \sigma^2 = \frac{1}{C \cdot M} \sum_{j=1}^{M} \sum_{k=1}^{C} (X_{jk} - \mu)^2 .$$

Von besonderer Bedeutung für die Klumpenauswahl, in der im Gegensatz zur reinen Zufallsauswahl in den Klumpen Abhängigkeiten zwischen den zweitstufigen Einheiten existieren, ist die intraclass-Korrelation. Diese Korrelation zwischen den Merkmalswerten der zweitstufigen Einheiten desselben Klumpens ist definiert als (vgl. auch Cochran [1972], S. 286)

$$(9.2.11) \quad \rho_{kl} = \frac{\text{Cov}(X_{jk}, X_{jl})}{\sigma^2} = \frac{E[(X_{jk}-\mu)(X_{jl}-\mu)]}{\sigma^2} ,$$

wobei σ^2 als Varianz der Merkmalswerte der zweitstufigen Einheiten X_{jk} bzw. X_{jl} definiert ist wie in (9.2.10) mit μ als Durchschnitt der zweitstufigen Merkmalswerte in der Grundgesamtheit (9.2.9).

Die intraclass-Kovarianz ist definiert als

$$(9.2.12)\quad Cov(X_{jk}, X_{jl}) = \frac{2}{M\cdot C\cdot(C-1)} \sum_{j=1}^{M} \sum_{\substack{k=1\\k<l}}^{C} \sum_{l=1}^{C} (X_{jk}-\mu)\cdot(X_{jl}-\mu),$$

wobei die Doppelsumme $\sum\sum_{kl}$ für k<l insgesamt $\frac{C\cdot(C-1)}{2}$ verschiedene Elemente enthält. Für k>l erhält man die gleichen Elemente. k=l interessiert nicht, da man nur verschiedene Elemente des gleichen Klumpens miteinander vergleichen möchte.

Mit (9.2.12) erhalten wir für (9.2.11)

$$(9.2.13)\quad \rho_{kl} = \frac{2}{\sigma^2\cdot M\cdot C\cdot(C-1)} \sum_{j=1}^{M} \sum_{\substack{k=1\\k<l}}^{C} \sum_{l=1}^{C} (X_{jk}-\mu)\cdot(X_{jl}-\mu).$$

Durch die Normierung mit der Varianz gilt auch für die intraclass-Korrelation wie für alle Korrelationskoeffizienten

$$(9.2.14)\quad -1 \leq \rho_{kl} \leq 1 .$$

Der Mittelwert der zweitstufigen Einheiten je erststufige Einheit (Klumpen) $\bar{X} = X/M$ wird erwartungstreu geschätzt durch

$$(9.2.15)\quad \bar{x} = \frac{1}{m} \sum_{j=1}^{m} x_j = \frac{1}{m} \sum_{j=1}^{m} \sum_{k=1}^{C} x_{jk}.$$

Die Varianz von $\bar{x}$ lautet (vgl. Cochran [1972], S. 286)

$$(9.2.16)\quad V(\bar{x}) = \frac{1}{M}\cdot\frac{1}{m}\cdot\frac{M-m}{M-1} \sum_{j=1}^{M} (X_j-\bar{X})^2 .$$

Schätzt man daher μ mit

$$(9.2.17)\quad \hat{\mu} = \frac{\bar{x}}{C},$$

so erhält man wegen (9.2.16) als Varianz für die Schätzung des Durchschnitts der zweitstufigen Merkmalswerte in der Grundgesamtheit

$$(9.2.18) \quad V(\hat{\mu}) = V\left(\frac{\bar{x}}{C}\right) = \frac{1}{C^2}\cdot V(\bar{x}) = \frac{1}{C^2}\cdot\frac{1}{m\cdot M}\cdot\frac{M-m}{M-1}\sum_{j=1}^{M}(X_j-\bar{X})^2 .$$

Nun gilt aber für

$$(9.2.19) \quad \sum_{j=1}^{M}(X_j-\bar{X})^2 = \sum_{j=1}^{M}(X_j-C\cdot\mu)^2 = \sum_{j=1}^{M}\left[\sum_{k=1}^{C}X_{jk} - \sum_{k=1}^{C}\mu\right]^2$$

$$= \sum_{j=1}^{M}\left[\sum_{k=1}^{C}(X_{jk}-\mu)\right]^2$$

$$= \sum_{j=1}^{M}\left\{\left[\sum_{k=1}^{C}(X_{jk}-\mu)\right]\cdot\left[\sum_{l=1}^{C}(X_{jl}-\mu)\right]\right\}$$

$$= \sum_{j=1}^{M}\left[\sum_{k=1}^{C}\sum_{l=1}^{C}(X_{jk}-\mu)\cdot(X_{jl}-\mu)\right]$$

$$= \sum_{j=1}^{M}\sum_{k=1}^{C}(X_{jk}-\mu)^2 + 2\sum_{j=1}^{M}\sum_{\substack{k=1\\k<l}}^{C}\sum_{l=1}^{C}(X_{jk}-\mu)\cdot(X_{jl}-\mu)$$

$$= M\cdot C\cdot\sigma^2 + \rho_{kl}\cdot\sigma^2\cdot M\cdot C\cdot(C-1)$$

$$= \sigma^2\cdot M\cdot C\cdot[1 + \rho_{kl}\cdot(C-1)] .$$

Setzt man dies in (9.2.18) ein, so erhält man

$$(9.2.20) \quad V(\hat{\mu}) = \frac{1}{C^2}\cdot\frac{1}{m\cdot M}\cdot\frac{M-m}{M-1}\cdot\sigma^2\cdot M\cdot C\cdot[1 + \rho_{kl}\cdot(C-1)]$$

$$= \frac{M-m}{M-1}\cdot\frac{\sigma^2}{m\cdot C}\cdot[1 + \rho_{kl}\cdot(C-1)]$$

$$= \frac{\sigma^2}{n}\cdot\frac{M-m}{M-1}\cdot[1 + \rho_{kl}\cdot(C-1)] .$$

Wir erkennen, daß die Klumpenauswahl für positive ρ_{kl} und einem Auswahlsatz $f = n/N = (m\cdot C)/(M\cdot C) = m/M$ zu schlechteren Ergebnissen führt als die reine Zufallsauswahl (Homogenität der Einheiten eines Klumpens). Dagegen kann für negative ρ_{kl} die Varianz der reinen Zufallsauswahl unterboten werden.

C = 1 würde bedeuten, daß jeder Klumpen nur aus einem Element besteht, d.h. dann wäre N = M und somit die Situation des reinen Zufallsmodells hergestellt.

Für C = 1 oder $\rho_{kl} = 0$ geht (9.2.20) in (2.5.3) über, wie wir gesehen haben.

Die Varianz σ^2 wird erwartungstreu geschätzt mit

$$(9.2.21) \quad \tilde{s}^2 = \frac{1}{n-1} \sum_{j=1}^{m} \sum_{k=1}^{C} (x_{jk} - \hat{\mu})^2 .$$

Zur Hochrechnung auf X, die Summe der zweitstufigen Merkmalswerte in der Grundgesamtheit, verwendet man für künstliche Klumpen mit konstantem Klumpenumfang C

$$(9.2.22) \quad \hat{X} = N \cdot \hat{\mu} = \frac{N}{n} \sum_{j=1}^{m} \sum_{k=1}^{C} x_{jk} \qquad (\text{mit } m \cdot C = n).$$

Damit gilt für die Varianz dieser Hochrechnung

$$(9.2.23) \quad V(\hat{X}) = V(N \cdot \hat{\mu}) = N^2 \cdot V(\hat{\mu}),$$

wobei (9.2.20) verwendet werden kann.

Übungsaufgaben

9.1. Nennen Sie Beispiele
  a) für natürliche Klumpen,
  b) für künstliche Klumpen.

9.2. Was versteht man unter dem Klumpeneffekt?

9.3. Wann ist die zweistufige Klumpenauswahl, in der künstliche Klumpen mit konstanter Anzahl C der zweitstufigen Einheiten gebildet werden, der reinen Zufallsauswahl überlegen?

Weiterführende Literatur

Hansen-Hurwitz-Madow [1953II]
Cochran [1972]
UN [1972]
Menges-Skala [1973]
Jessen [1978]

10. Kapitel
Mehrphasige Stichproben

10.1. Allgemeines

In einer Reihe von Fällen ist es sinnvoll, aus den ausgewählten Erhebungseinheiten einer Stichprobe (1. Phase) mittels einer Unterstichprobe eine engere Auswahl zu treffen (2. Phase). Im Gegensatz zu mehrstufigen Stichproben handelt es sich somit in zweiphasigen Stichproben in beiden Phasen um Erhebungseinheiten gleichen Typs (z.B. Haushalte oder Betriebe). So ist es oft zweckmäßig, in einer zweiphasigen Stichprobe in der Unterstichprobe zusätzlich zu den Merkmalen der Oberstichprobe weitere Merkmale derselben Einheiten - etwa durch Interviewer - zu erfragen. Auch eine stichprobenweise Überprüfung der Ergebnisse einer Stichprobenuntersuchung durch Kontrolleure entspricht einer derartigen zweiphasigen Stichprobe. Die gezielte Auswahl und wiederholte Versuche der Befragung einiger Personen, die die Antwort verweigern (nonresponse-Problem), stellt methodisch eine mehrphasige Stichprobe dar.

Da die Fehlerrechnung je nach Auswahlkriterium der zweiten Phase schwierig sein kann, finden sich über die erwähnten Fälle hinaus in der amtlichen Statistik nicht viele Beispiele mehrphasiger Stichproben.

Zur Hochrechnung auf X, die Summe der Merkmalswerte in der Grundgesamtheit, kann man

$$(10.1.1)\quad \hat{X} = \frac{1}{f_1}\cdot\frac{1}{f_2}\cdot\sum_{i=1}^{n_2} x_i = \frac{N}{n_1}\cdot\frac{n_1}{n_2}\sum_{i=1}^{n_2} x_i = \frac{N}{n_2}\sum_{i=1}^{n_2} x_i$$

verwenden, wenn in der 2. Phase die Realisationen x_i $(i=1,\ldots,n_2)$ ausgewählt wurden , wobei $f_1 = n_1/N$ der Auswahlsatz der 1. Phase und $f_2 = n_2/n_1$ der Auswahlsatz der 2. Phase sind (n_1 = Stichprobenumfang der 1. Phase, n_2 = Stichprobenumfang der 2. Phase mit $n_2 < n_1$). Die zweiphasige Auswahl bietet sich besonders für Regressions- und Verhältnisschätzungen an, wenn eines der Merkmale nur sehr kostenaufwendig in einer Unterstichprobe erfaßt werden kann (wegen weiterer Details siehe Jessen [1978], S. 323ff).

Wenn in mehrphasigen Stichproben in jeder Phase ein anderes Merkmal erfaßt würde, wäre dieses Vorgehen, solange nicht die Beziehungen zwischen diesen Merkmalen interessieren, einzeln durchgeführten Stichproben dieser Merkmale vergleichbar.

Geht die Stichprobe der ersten Phase zeitlich der Stichprobe der zweiten Phase voraus, so können bei hinreichendem zeitlichen Abstand die Informationen der ersten Phase zur organisatorischen Vorbereitung der zweiten Phase genutzt werden. So kann etwa eine Schichtenbildung der zweiten Phase aufgrund der Datenkenntnisse der ersten Phase vorgenommen werden.

Beispiele: Während in der 1. Phase Daten über die Zusammensetzung eines Haushalts (Anzahl der Haushaltsmitglieder, deren Alter, Schulbesuch bzw. Berufstätigkeit) gesammelt werden, können in der 2. Phase die Schüler und Berufstätigen nach weiteren Einzelheiten befragt werden (Schulweg, Weg zur Arbeit, benutzte Verkehrsmittel, Schulsituation, Arbeitsplatzprobleme usw.)

In der Agrarstatistik kann die 1. Phase der Erfassung landwirtschaftlicher Betriebe und der Bodennutzungsarten dienen, während in der 2. Phase die Besonderheiten des Anbaus bestimmter Fruchtarten (Getreide, Weinbau usw.) oder der sich mit der Viehzucht befassenden Betriebe erfragt werden können.

10.2. Double sampling

In einem weiteren Anwendungsfall könnte man in der 1. Phase mit großem Stichprobenumfang landwirtschaftliche Betriebe untersuchen mit billig zu erfragenden Merkmalen wie landwirtschaftliche Nutzfläche, Anbauarten, Anzahl der Beschäftigten, Viehbestand usw., während in der 2. Phase für eine Unterstichprobe ausgewählte landwirtschaftliche Groß-, Mittel- und Kleinbetriebe bezüglich der Einkommensverhältnisse und der Kostensituation durch Interviewer befragt würden. Für diese ausgewählten landwirtschaftlichen Betriebe der zweiten Phase können dann Regressionen aufgrund der erfaßten Merkmale der ersten Phase für die schwieriger erfaßbaren Merkmale der zweiten Phase durchgeführt werden. Aufgrund der Daten der umfangreicheren ersten Phase können mit diesen Regressionsparametern Hochrechnungen auf die landwirtschaftlichen Betriebe der ersten Phase und schließlich auf die Grundgesamtheit vorgenommen werden. Ein derartiges Vorgehen bezeichnet man im Amerikanischen mit double sampling.

Wir wollen dies kurz formelmäßig betrachten. Es seien

X = erstes Merkmal, das in der ersten Phase untersucht wird
μ_x = Erwartungswert des Merkmals X in der Grundgesamtheit
n_1 = Stichprobenumfang der 1. Phase
x_i = Stichprobenwert des ersten Merkmals der i-ten Einheit in der ersten Phase $(i = 1, \ldots, n_1)$
n_2 = Stichprobenumfang der 2. Phase $(n_2 \leq n_1)$
$\bar{x}_1$ = Stichprobenmittel des ersten Merkmals aufgrund der Stichprobenwerte der 1. Phase
$\bar{x}_2$ = Stichprobenmittel des ersten Merkmals aufgrund der Stichprobenwerte nur der 2. Phase
Y = zweites Merkmal, das in der 2. Phase (als Unterstichprobe der 1. Phase) untersucht wird
μ_y = Erwartungswert des Merkmals Y in der Grundgesamtheit
y_i = Stichprobenwert des zweiten Merkmals der i-ten Einheit in der zweiten Phase $(i = 1, \ldots, n_2)$
$\bar{y}_2$ = Stichprobenmittel des zweiten Merkmals aufgrund der Stichprobenwerte der zweiten Phase.

Zur Schätzung von μ_y verwendet man anstelle der direkten Schätzung $\bar{y}_2$ die Regressionsschätzung

(10.2.1) $$\hat{\mu}_y = \bar{y}_2 + \hat{\beta} \cdot (\bar{x}_1 - \bar{x}_2)$$

mit

(10.2.2) $$\bar{x}_1 = \frac{1}{n_1} \sum_{i=1}^{n_1} x_i ,$$

$$(10.2.3) \quad \bar{x}_2 = \frac{1}{n_2} \sum_{i=1}^{n_2} x_i \, ,$$

$$(10.2.4) \quad \bar{y}_2 = \frac{1}{n_2} \sum_{i=1}^{n_2} y_i$$

und

$$(10.2.5) \quad \hat{\beta} = \frac{\sum_{i=1}^{n_2} (y_i - \bar{y}_2)\cdot(x_i - \bar{x}_2)}{\sum_{i=1}^{n_2} (x_i - \bar{x}_2)^2} \, .$$

Als Abschätzung der Varianz von $\hat{\mu}_y$ findet man in Hansen-Hurwitz-Madow ([1953I], S. 465, Beweis: [1953II], S. 254-255)

$$(10.2.6) \quad V(\hat{\mu}_y) \cong \frac{\sigma_x^2}{n_2}\cdot[1 - \rho_{xy}^2\cdot(1 - \frac{n_2}{n_1})] \, ,$$

wobei σ_x^2 die Varianz des ersten Merkmals in der Grundgesamtheit und ρ_{xy} die Korrelation zwischen den beiden Merkmalen in der Grundgesamtheit sind.

Double sampling läßt sich als Verallgemeinerung von Regressionsschätzung und einfacher Zufallsstichprobe ansehen. So erhält man aus (10.2.1) die Regressionsschätzung (für bekannten Erwartungswert μ_x des ersten Merkmals)

$$(10.2.7) \quad \hat{\mu}_y = \bar{y}_2 + \hat{\beta}\cdot(\mu_x - \bar{x}_2) \, ,$$

wenn man den Stichprobenumfang der 1. Phase auf die Grundgesamtheit ausdehnt, d.h. für $n_1 = N$.

Aus (10.2.1) erhält man die einfache Zufallsstichprobe

$$(10.2.8) \quad \hat{\mu}_y = \bar{y}_2 \, ,$$

wenn man den Stichprobenumfang der 2. Phase auf den der 1. Phase ausdehnt, d.h. für $n_2 = n_1$. Dann gilt $\bar{x}_2 = \bar{x}_1 = \bar{x}$ und man hat mit $\bar{y}_2 = \bar{y}$ mehr Informationen über das teuere Merkmal Y.

Übungsaufgaben

10.1. Was versteht man unter einer mehrphasigen Stichprobe? Wie unterscheidet sie sich von einer mehrstufigen Stichprobe?

10.2. Nennen Sie Anwendungsbeispiele mehrphasiger Stichproben.

10.3. Wie wird beim double sampling mit einer Regressionsschätzung der Erwartungswert des in der Unterstichprobe erfragten Merkmals geschätzt?

10.4. Welche beiden Spezialfälle enthält die Schätzung des Erwartungswerts μ_y durch double sampling mit

$$\hat{\mu}_y = \bar{y}_2 + \hat{\beta} \cdot (\bar{x}_1 - \bar{x}_2),$$

wenn $\bar{x}_1$ = Stichprobenmittel der ersten Phase und $\bar{x}_2$ (bzw. $\bar{y}_2$) = Stichprobenmittel der zweiten Phase für das erste (bzw. zweite) Merkmal sind?

Weiterführende Literatur

Hansen-Hurwitz-Madow [1953I]
Hansen-Hurwitz-Madow [1953II]
Menges [1959]
Cochran [1972]
UN [1972]
Jessen [1978]
Krug-Nourney [1982]

11. Kapitel
Praktische Aspekte

In den vorangegangenen Kapiteln wurden die wichtigsten Stichprobenmodelle mit ihren Annahmen und Implikationen diskutiert. Für den praktischen Einsatz von Stichprobenverfahren sind neben den Besonderheiten der Modelle einige grundsätzliche Probleme zu beachten, die für die Qualität derartiger Untersuchungen von entscheidender Bedeutung sein können. Die nachfolgende Skizzierung von Problemkreisen erhebt keinen Anspruch auf Vollständigkeit. Beabsichtigt ist eher zu zeigen, wie vielfältig die Einflußfaktoren dieser Technik sein können und wie wichtig eine sorgfältige Planung sein kann.

Schon bei der Abgrenzung der Untersuchungseinheiten können gravierende Fehler entstehen. Ungenaue räumliche, zeitliche und sachliche Identifikationsmerkmale führen zu statistischen Massen, deren Umfang nicht exakt zu bestimmen ist. Veraltete Unterlagen (Adressenlisten, Landkarten) enthalten noch Einheiten, die nicht mehr anzutreffen sind. Dies gilt gleichermaßen für natürliche Personen wie für juristische Personen (Unternehmen, die aufgegeben wurden oder den Firmensitz gewechselt haben). Umgekehrt können veraltete Unterlagen keine Auskunft geben über hinzugekommene Einheiten (z.B. Neugründung von Familien und Firmen, Neubaugebiete). Mehrfachzählungen sind z.B. möglich, wenn eine Firma mehreren Inhabern gehört und alle in den Unterlagen separat geführt werden.

Die Antwortverweigerung (nonresponse) ist ein weiteres grundlegendes Problem, das gleichermaßen die Aussagekraft von Vollerhebungen wie von Stichprobenbefragungen beeinträchtigen kann. Zu diesem Problemkreis gehört das Nichtantreffen von Untersuchungseinheiten ebenso wie die Nicht- bzw. Teilbeantwortung eines Fragebogens oder die Verweigerung eines Interviews. Interviewer sind im allgemeinen verpflichtet, nichtangetroffene

Personen bis zu dreimal aufzusuchen. Normalerweise ist zu vermuten, daß die Antwortverweigerer nicht repräsentativ für den durchschnittlichen Befragten sind, so daß sie nicht einfach durch andere Befragte substituiert werden können. Der Verminderung der Antwortverweigerungsquote kommt daher eine besondere Bedeutung zu. So können etwa speziell geschulte Interviewer im Anschluß an eine Fragebogenaktion per Post die Antwortverweigerer aufsuchen und im persönlichen Gespräch von dem Zweck der Untersuchung und der Notwendigkeit der Teilnahme (oft im eigenen Interesse) überzeugen. Sie können mißverständliche Fragestellungen besser erklären und damit ausstehende Antworten herbeiführen. Vor Ort können sie feststellen, ob bei der Abgrenzung und Planung falsche Informationen benutzt wurden und neue Adressen ermitteln, wenn Einheiten fortgezogen sind. Die Informationen, die über die Gruppe der "bekehrten" Antwortverweigerer auf diese Art gewonnen werden, können in einem Schichtenmodell zu separaten Hochrechnungen genutzt werden. Ungeachtet aller Mühen wird in jeder Untersuchung ein "harter Kern" von Antwortverweigerern verbleiben. Er wird um so größer sein, je weniger Pression ausgeübt werden kann, d.h. in privaten Untersuchungen wird aufgrund freiwilliger Teilnahme im allgemeinen die nonresponse-Quote höher sein als in amtlichen Stichprobenuntersuchungen mit gesetzlich verankerter Auskunftpflicht, die ihr Pendant im Datenschutz hat.

Fehlerhafte Antworten erfolgen sicher in den meisten Fällen als Angabefehler ohne besondere Absicht. Entweder wird die Fragestellung nicht verstanden (zu abstrakte Formulierung, unverständliches Amtsdeutsch, mangelnde Sprachkenntnisse der Befragten, Mißverständnisse) oder bei flüchtiger Beantwortung aus Versehen die falsche Antwort angekreuzt oder unterstrichen. Nicht zu unterschätzen sind jedoch die Situationen, in denen bewußt fehlerhafte Antworten gegeben werden, weil der Zweck der Befragung mißbilligt wird oder überhaupt die Befragung als lästig empfunden wird. Insbesondere ökonomische Hintergründe (Einkommens- und Vermögensverhältnisse, fiskalische Aspekte, Konkurrenzsituationen) bilden oft den Anlaß zu einem derartigen Verhalten. Für die statistische Auswertung sind fehlerhafte Antworten, die in den üblichen Plausibilitätskontrollen nicht entdeckt werden, besonders bei Hochrechnungen gravierend.

Als Interviewerbias bezeichnet man die Auswirkung von bestimmten Verhaltensweisen der Interviewer. So kann ein einzelner Interviewer durch sein Auftreten und die Art, in der er die Fragen präsentiert, seinen Interviews eine bestimmte Richtung aufzwingen (z.B. im einfachsten Fall durch Suggerierung geschönter Antworten). Da nicht davon ausgegangen werden kann, daß sich solche Einflüsse im gebildeten Durchschnitt ausgleichen, ist dies eine ernstzunehmende Fehlerquelle.

Telefonbefragungen haben zwar den Vorzug, daß Informationen schnell zur Verfügung stehen und ausgewertet werden können. Es ist jedoch zu berücksichtigen, daß bei der Befragung von Privatpersonen nicht jeder die gleiche Chance hat, befragt zu werden. Selbst wenn man davon ausgeht, daß heute das Telefonnetz dichter ist als früher, erreicht man zu bestimmten Zeiten nur einen Bruchteil der möglichen Gesprächsteilnehmer und schon gar nicht diejenigen, die kein Telefon haben bzw. deren Telefonnummer nicht im Telefonbuch steht. Ohne korrigierenden Einfluß wird wie bei einer Befragung auf's Geratewohl um 10 Uhr morgens in einer Geschäftsstraße der Anteil der Hausfrauen und Rentner auch am Telefon um diese Zeit überproportional vertreten sein.

Auswertungsfehler gibt es ebenso in Vollerhebungen wie in Teilerhebungen. Je nach dem Stand der Technik lassen sich verschiedene Fehlerquellen bestimmen. Sieht man einmal von dem Verschwinden ganzer Listen und Datensätze in größeren Untersuchungen ab, so sind folgende Fehler typisch: Einheiten werden versehentlich nicht oder doppelt gezählt, Daten werden falsch kodiert (z.B. Vertauschen des Geschlechts, wenn in einem Datensatz 0 für männlich und 1 für weiblich steht und die Ziffern vertauscht werden) oder an falscher Position eingegeben (dann als Modalität eines ganz anderen Merkmals oder einer anderen Person), in Tabellen werden Positionen oder komplette Zeilen bzw. Spalten vertauscht und ähnliches. Mit fortschreitender Computertechnik geht einerseits der Spielraum für einfache Rechenfehler zurück, andererseits sind software-Entwicklungen in zunehmendem Maße für die Benutzer im einzelnen nicht mehr kontrollierbar, so daß Anwendungsfehler nicht mehr so leicht festzustellen sind.

Die verspätete Rücksendung von Fragebögen kann für aggregierte Daten zu einer systematischen Unterschätzung führen, wenn dies gerade für größere Einheiten (z.B. Unternehmen) zutrifft. In periodisch durchgeführten Stichprobenuntersuchungen lassen sich die Zahlen in späteren Publikationen noch revidieren.

Weiterführende Literatur

Hansen-Hurwitz-Madow [1953I]
Hansen-Hurwitz-Madow [1953II]
Kellerer [1963]
Yates [1965]
Cochran [1972]
Jessen [1978]

Anhang

A I. Summationszeichen

Für die Summe der reellen Zahlen $x_1, x_2, \ldots, x_n$ schreiben wir

$$\sum_{i=1}^{n} x_i = x_1 + x_2 + \ldots + x_n \,. \tag{AI.1}$$

Das Symbol Σ (groß griechisch sigma) heißt Summationszeichen. $i=1$ ist die untere Summationsgrenze und bedeutet, daß man beim Summieren mit dem x_i anfängt, dessen Index i den Wert 1 trägt, also mit x_1. Die Obergrenze n (genauer: $i=n$) bedeutet, daß man das Summieren beendet, wenn man das x_i, dessen Index i den Wert n trägt (also x_n) zu den vorherigen Werten addiert hat.
<u>Beispiel:</u> Wir setzen zur Vereinfachung $x_i=i$ und betrachten die natürlichen Zahlen 1, 2, ..., 15. Dann bedeutet

$$\sum_{i=1}^{10} x_i = x_1 + x_2 + \ldots + x_{10} = 1 + 2 + \ldots + 10 = 55$$

oder

$$\sum_{i=12}^{15} x_i = x_{12} + \ldots + x_{15} = 12 + \ldots + 15 = 54.$$

Der Summationsindex i kann durch einen anderen Summationsindex ersetzt werden, ohne daß sich die Zahl der Summanden und damit der Wert der Summe verändert:

$$\sum_{j=1}^{10} x_j = x_1 + x_2 + \ldots + x_{10} = 1 + 2 + \ldots + 10 = 55.$$

Durch Klammern wird angedeutet, welche Summenausdrücke vom Summationszeichen erfaßt werden:

$$\begin{aligned}\sum_{i=1}^{n} (x_i+y_i) &= (x_1+y_1) + \ldots + (x_n+y_n) \\ &= (x_1+\ldots+x_n) + (y_1+\ldots+y_n) = \sum_{i=1}^{n} x_i + \sum_{i=1}^{n} y_i .\end{aligned} \tag{AI.2}$$

Entsprechend gilt

$$\text{(AI.3)} \quad \sum_{i=1}^{n} (x_i - y_i) = (x_1 - y_1) + \ldots + (x_n - y_n)$$

$$= (x_1 + \ldots + x_n) - (y_1 + \ldots + y_n) = \sum_{i=1}^{n} x_i - \sum_{i=1}^{n} y_i.$$

<u>Beispiel:</u> Für $i=1,\ldots,5$ sei $x_i = 3i$ und $y_i = i$. Dann ist

$$\sum_{i=1}^{5} (x_i - y_i) = \sum_{i=1}^{5} (3i - i) = \sum_{i=1}^{5} 2i = 2 + 4 + 6 + 8 + 10$$

$$= 30.$$

Zugleich gilt

$$\sum_{i=1}^{5} x_i - \sum_{i=1}^{5} y_i = \sum_{i=1}^{5} 3i - \sum_{i=1}^{5} i = (3 + 6 + 9 + 12 + 15)$$

$$- (1 + 2 + 3 + 4 + 5) = 45 - 15 = 30.$$

Sind alle Summanden gleich, etwa $x_i = c$ für $i=1,\ldots,n$, so bedeutet dies

$$\text{(AI.4)} \quad \sum_{i=1}^{n} c = \underbrace{c + c + \ldots + c}_{n\text{-mal}} = n \cdot c .$$

Wird jeder Summand um die Konstante c erhöht, so gilt

$$\text{(AI.5)} \quad \sum_{i=1}^{n} (x_i + c) = (x_1 + c) + \ldots + (x_n + c)$$

$$= (x_1 + \ldots + x_n) + \underbrace{(c + c + \ldots + c)}_{n\text{-mal}}$$

$$= n \cdot c + \sum_{i=1}^{n} x_i.$$

Wird jeder Summand um die Konstante c vermindert, so gilt

$$\text{(AI.6)} \quad \sum_{i=1}^{n} (x_i - c) = (x_1 - c) + \ldots + (x_n - c)$$

$$= (x_1 + \ldots + x_n) - \underbrace{(c + c + \ldots + c)}_{n\text{-mal}}$$

$$= -n \cdot c + \sum_{i=1}^{n} x_i .$$

Werden alle Summanden mit einer Konstanten c multipliziert, so erhalten wir

(AI.7)
$$\sum_{i=1}^{n} c\cdot x_i = c\cdot x_1 + \ldots + c\cdot x_n = c\cdot(x_1 + \ldots + x_n) = c\cdot \sum_{i=1}^{n} x_i ,$$

d.h. multiplikative Konstanten (die man daran erkennt, daß sie nicht den Summationsindex tragen) können vor das Summationszeichen gezogen (ausgeklammert) werden.

Entsprechend gilt für die Division mit einer Konstanten

(AI.8)
$$\sum_{i=1}^{n} \frac{x_i}{c} = \frac{x_1}{c} + \ldots + \frac{x_n}{c} = \frac{1}{c}\cdot(x_1 + \ldots + x_n) = \frac{1}{c}\cdot \sum_{i=1}^{n} x_i .$$

Die Summe von Quadraten

(AI.9)
$$\sum_{i=1}^{n} x_i^2 = x_1^2 + x_2^2 + \ldots + x_n^2$$

ist zu unterscheiden vom Quadrat einer Summe

$$\begin{aligned}(\sum_{i=1}^{n} x_i)^2 &= (x_1 + x_2 + \ldots + x_n)^2 = (\sum_{i=1}^{n} x_i)\cdot(\sum_{j=1}^{n} x_j)\\ &= (x_1 + x_2 + \ldots + x_n)\cdot(x_1 + x_2 + \ldots + x_n)\\ &= x_1\cdot x_1 + x_1\cdot x_2 + \ldots + x_1\cdot x_n\\ &\quad + x_2\cdot x_1 + x_2\cdot x_2 + \ldots + x_2\cdot x_n\\ &\quad \vdots\\ &\quad + x_n\cdot x_1 + x_n\cdot x_2 + \ldots + x_n\cdot x_n\\ &= \sum_{i=1}^{n} \sum_{j=1}^{n} x_i\cdot x_j .\end{aligned}$$

Damit ist zugleich gezeigt, wie diese Doppelsumme zu bearbeiten ist: Jedes Element der ersten Summe ist mit jedem Element der zweiten Summe zu multiplizieren; diese Produkte sind sodann aufzusummieren. Für n dieser Produkte sind die beiden Faktoren identisch, da die Indizes i und j übereinstimmen, für die restlichen n^2-n (von ursprünglich n^2) Produkte ist $i\neq j$, so daß wir für das Quadrat einer Summe schreiben können:

$$\text{(AI.10)} \quad \left(\sum_{i=1}^{n} x_i\right)^2 = \sum_{i=1}^{n}\sum_{j=1}^{n} x_i \cdot x_j$$

$$= \sum_{\substack{i=1 \\ i=j}}^{n}\sum_{j=1}^{n} x_i \cdot x_j + \sum_{\substack{i=1 \\ i\neq j}}^{n}\sum_{j=1}^{n} x_i \cdot x_j$$

$$= \sum_{i=1}^{n} x_i^2 + 2\sum_{\substack{i=1 \\ i<j}}^{n}\sum_{j=1}^{n} x_i \cdot x_j \,,$$

da für $i\neq j$ die Summe der Terme mit $i>j$ mit der Summe der Terme mit $i<j$ identisch ist. Die Summe von Quadraten (AI.9) ist also eine Teilsumme des Quadrats einer Summe (AI.10).

Allgemein gilt

$$\text{(AI.11)} \quad \left(\sum_{i=1}^{m} x_i\right)\cdot\left(\sum_{j=1}^{n} x_j\right) = \sum_{i=1}^{m}\sum_{j=1}^{n} x_i \cdot x_j = \sum_{j=1}^{n}\sum_{i=1}^{m} x_i \cdot x_j \,,$$

d.h. die Reihenfolge der Doppelsummen ist beliebig, da die Produkte kommutativ sind ($x_j \cdot x_i = x_i \cdot x_j$).

Entsprechend gilt für zweifach indizierte Werte

$$\text{(AI.12)} \quad \sum_{i=1}^{m}\sum_{j=1}^{n} x_{ij} = \begin{array}{l} x_{11} + x_{12} + \ldots + x_{1n} \\ +x_{21} + x_{22} + \ldots + x_{2n} \\ \vdots \\ +x_{m1} + x_{m2} + \ldots + x_{mn} \end{array}$$

$$= \begin{array}{l} x_{11} + x_{21} + \ldots + x_{m1} \\ +x_{12} + x_{22} + \ldots + x_{m2} \\ \vdots \\ +x_{1n} + x_{2n} + \ldots + x_{mn} \end{array}$$

$$= \sum_{j=1}^{n}\sum_{i=1}^{m} x_{ij} \,.$$

A II. Binomische Koeffizienten

Der binomische Koeffizient C_k^n ist definiert durch

$$(AII.1) \quad C_k^n = \binom{n}{k} = \frac{n!}{k! \cdot (n-k)!} \, .$$

$\binom{n}{k}$ liest man als "n über k". Hierbei ist n! (gelesen als "n-Fakultät") seinerseits definiert durch

$$(AII.2) \quad n! = 1 \cdot 2 \cdot \ldots \cdot (n-1) \cdot n,$$

d.h. durch das Produkt der natürlichen Zahlen aufsteigend bis n. Entsprechend sind k! und (n-k)! definiert. Im übrigen gilt 0! = 1.

Beispiel: $C_2^5 = \binom{5}{2} = \frac{5!}{2! \cdot (5-2)!} = \frac{5!}{2! \cdot 3!} = \frac{1 \cdot 2 \cdot 3 \cdot 4 \cdot 5}{(1 \cdot 2) \cdot (1 \cdot 2 \cdot 3)} = \frac{120}{2 \cdot 6} = 10,$

was man natürlich auch schon früher kürzen kann. Man kann nämlich für n! auch schreiben

$$n! = 1 \cdot 2 \cdot \ldots \cdot (n-k) \cdot (n-k+1) \cdot \ldots \cdot n,$$

so daß man den binomischen Koeffizienten auch definieren kann mit

$$(AII.3) \quad C_k^n = \frac{n \cdot (n-1) \cdot \ldots \cdot (n-k+1)}{k!} .$$

Da dieser Bruch in Zähler und Nenner je k Faktoren enthält, kann man, ausgehend von n, jeweils Faktoren im Zähler bilden, die um 1 kleiner sind als ihre Vorgänger, bis man soviele Faktoren hat, wie im Nenner stehen. Einfacher schreiben wir also im Beispiel

$$C_2^5 = \frac{5 \cdot 4}{1 \cdot 2} = 10.$$

Eine andere Möglichkeit zur Gewinnung der binomischen Koeffizienten bietet das Pascalsche Dreieck:

$$\begin{array}{lccccccccccccc}
n=0: & & & & & & & 1 & & & & & & \\
n=1: & & & & & & 1 & & 1 & & & & & \\
n=2: & & & & & 1 & & 2 & & 1 & & & & \\
n=3: & & & & 1 & & 3 & & 3 & & 1 & & & \\
n=4: & & & 1 & & 4 & & 6 & & 4 & & 1 & & \\
n=5: & & 1 & & 5 & & 10 & & 10 & & 5 & & 1 & \\
n=6: & 1 & & 6 & & 15 & & 20 & & 15 & & 6 & & 1 \\
& & \cdot & & & & & & & & & & \cdot & \\
& \cdot & & & & & & & & & & & & \cdot \\
\cdot & & & & & & & & & & & & & \cdot
\end{array}$$

Wir erkennen hier C_2^5 als dritten Koeffizienten in der Zeile n=5, die wie alle Zeilen mit k=0 beginnt. Berechnet man $C_0^5 = 1$ mit (AII.1), so wird klar, daß $0! = 1$ sein muß, da eine Division mit Null nicht möglich ist. Im übrigen sind natürlich die binomischen Koeffizienten in der Zeile n=5 die Koeffizienten des Binoms

$$(a+b)^5 = 1a^5 + 5a^4b + 10a^3b^2 + 10a^2b^3 + 5ab^4 + 1b^5,$$

womit klar wird, daß die Seiten des Pascalschen Dreiecks mit Einsen besetzt sind.

Aus dem Pascalschen Dreieck lassen sich gut die Eigenschaften binomischer Koeffizienten ersehen. Da es um seine Mittelsenkrechte symmetrisch ist, gilt

(AII.4) $$C_k^n = C_{n-k}^n ,$$

wie man auch mit

$$\binom{n}{k} = \frac{n!}{k!\cdot(n-k)!} = \frac{n!}{(n-k)!\cdot k!} = \binom{n}{n-k}$$

zeigen kann. Damit erhalten wir allgemein in der umgekehrten Reihenfolge der Summanden (aus jeder Zeile) die binomische Formel

(AII.5) $$(a+b)^n = \sum_{k=0}^{n} \binom{n}{n-k} a^k b^{n-k} = \sum_{k=0}^{n} \binom{n}{k} a^k b^{n-k}.$$

Den k-ten binomischen Koeffizienten in der n-ten Zeile des Pascalschen Dreiecks erhält man aus der Summe der beiden benachbarten binomischen Koeffizienten über ihm (also in der (n-1)-ten Zeile; k=0,...,n). Somit gilt

$$C_k^n = C_{k-1}^{n-1} + C_k^{n-1} . \tag{AII.6}$$

Die Gültigkeit von (AII.6) läßt sich auch zeigen mit

$$\begin{aligned}\binom{n-1}{k-1} + \binom{n-1}{k} &= \frac{(n-1)!}{(k-1)!\cdot(n-k)!} + \frac{(n-1)!}{k!\cdot(n-1-k)!}\\ &= \frac{(n-1)!\cdot[k + (n-k)]}{k!\cdot(n-k)!}\\ &= \frac{(n-1)!\cdot n}{k!\cdot(n-k)!} = \frac{n!}{k!\cdot(n-k)!}\\ &= \binom{n}{k} .\end{aligned}$$

Einige weitere Eigenschaften binomischer Koeffizienten und eine Betrachtung multinomischer Koeffizienten findet man in Berge [1968].

A III. Erwartungswerte und Varianzen

Für eine Zufallsvariable X und reelle Konstanten a und b gilt für den Erwartungswert der Linearkombination

(AIII.1) $E(a + b \cdot X) = a + b \cdot E(X)$

und daher auch für

(AIII.2) $E(a - b \cdot X) = a - b \cdot E(X)$.

Hieraus folgt für b=0

(AIII.3) $E(a) = a$,

d.h. der Erwartungswert einer Konstanten ist diese Konstante. Weiter folgt für a=0

(AIII.4) $E(b \cdot X) = b \cdot E(X)$

und schließlich

(AIII.5) $E(\frac{X}{b}) = \frac{1}{b} \cdot E(X)$.

Existiert für die Zufallsvariablen X und Y die gemeinsame Verteilungsfunktion, so gilt

(AIII.6) $E(X + Y) = E(X) + E(Y)$.

Existiert die gemeinsame Verteilungsfunktion der Zufallsvariablen $X_1, \ldots, X_n$, so gilt

(AIII.7) $E(X_1 + \ldots + X_n) = E(X_1) + \ldots + E(X_n)$,

d.h. der Erwartungswert einer Summe von Zufallsvariablen ist gleich der Summe der Erwartungswerte dieser Zufallsvariablen. Sind zwei Zufallsvariablen X und Y unkorreliert, d.h.

(AIII.8) $\rho_{xy} = \frac{Cov(X, Y)}{\sigma_x \cdot \sigma_y} = 0$, ($\sigma$ = Standardabweichung)

so folgt aus

(AIII.9) $Cov(X, Y) = E(X \cdot Y) - E(X) \cdot E(Y)$ (Zerlegungsregel)
$= 0,$

daß

(AIII.10) $E(X \cdot Y) = E(X) \cdot E(Y)$.

Da Unabhängigkeit Unkorreliertheit impliziert, folgt (AIII.10) auch, wenn X und Y unabhängig sind. Umgekehrt muß aus (AIII.10) nicht Unabhängigkeit folgen.

Für die Varianz der Linearkombination $Y = a + b \cdot X$ gilt

(AIII.11) $V(Y) = V(a + b \cdot X) = b^2 \cdot V(X)$

und daher auch

(AIII.12) $V(a - b \cdot X) = b^2 \cdot V(X)$.

Im einzelnen bedeutet dies

(AIII.13) $V(a) = 0$ (Eine Konstante kann nicht variieren),

(AIII.14) $V(X \pm a) = V(X)$ (Translationsinvarianz),

(AIII.15) $V(b \cdot X) = b^2 \cdot V(X)$

sowie

(AIII.16) $V(\frac{X}{b}) = \frac{1}{b^2} \cdot V(X)$

infolge der quadratischen Dimension der Varianz.

Für zwei beliebige Zufallsvariablen X und Z gilt

(AIII.17) $V(X + Z) = V(X) + V(Z) + 2 \cdot Cov(X, Z)$

und

(AIII.18) $V(X - Z) = V(X) + V(Z) - 2 \cdot Cov(X, Z)$.

Daraus folgt für unkorrelierte Zufallsvariablen X und Z

(AIII.19) $V(X + Z) = V(X - Z) = V(X) + V(Z)$.

Da Unabhängigkeit Unkorreliertheit impliziert, gilt (AIII.19) auch für unabhängige Zufallsvariablen X und Z. Die Implikation ist wieder nur einseitig.

Für n Zufallsvariablen $X_1, \ldots, X_n$ gilt

$$
\begin{aligned}
\text{(AIII.20)}\quad V(X_1+\ldots+X_n) &= E\{[(X_1+\ldots+X_n) - E(X_1+\ldots+X_n)]^2\} \\
&= E\{X_1+\ldots+X_n - [E(X_1)+\ldots+E(X_n)]\}^2 \\
&= E\{[(X_1-E(X_1)) + \ldots + (X_n-E(X_n))]^2\} \\
&= E\{[\sum_{i=1}^{n}(X_i-E(X_i))]^2\} \\
&= E\{[\sum_{i=1}^{n}(X_i-E(X_i))]\cdot[\sum_{j=1}^{n}(X_j-E(X_j))]\} \\
&= \sum_{i=1}^{n}\sum_{j=1}^{n} E\{[X_i-E(X_i)]\cdot[X_j-E(X_j)]\} \\
&= \sum_{i=1}^{n} V(X_i) + \sum_{i=1}^{n}\sum_{\substack{j=1\\ i\neq j}}^{n} Cov(X_i, X_j).
\end{aligned}
$$

Sind die Zufallsvariablen $X_1, \ldots, X_n$ paarweise unabhängig, so erhalten wir aus (AIII.20)

$$\text{(AIII.21)}\quad V(\sum_{i=1}^{n} X_i) = \sum_{i=1}^{n} V(X_i),$$

d.h. in Erweiterung von (AIII.19) gilt dann, daß die Varianz einer Summe von Zufallsvariablen gleich der Summe der Varianzen dieser Zufallsvariablen ist. Dies gilt wohlgemerkt nur bei Unabhängigkeit.

Wegen weiterer Details siehe Leiner [1980], 7. Kapitel.

A IV. Die Varianz des Verhältnisses $\bar{y}/\bar{x}$

Satz (Cochran): Für die Varianz des Verhältnisses $\frac{\bar{y}}{\bar{x}}$ gilt

$$\text{(AIV.1)} \quad V\left(\frac{\bar{y}}{\bar{x}}\right) \cong \left(\frac{\mu_y}{\mu_x}\right)^2 \cdot \frac{N-n}{N} \cdot \frac{1}{n} \cdot \left(\frac{\sigma_y^2}{\mu_y^2} + \frac{\sigma_x^2}{\mu_x^2} - 2\rho_{xy} \cdot \frac{\sigma_x}{\mu_x} \cdot \frac{\sigma_y}{\mu_y}\right) .$$

Zum Beweis des Satzes (vgl. Cochran [1972], S. 47-48) betrachten wir zunächst das folgende

Lemma:

$$\text{(AIV.2)} \quad V\left(\frac{\bar{y}}{\bar{x}}\right) \cong \frac{\frac{N-n}{N}}{n \cdot \mu_x^2} \cdot \frac{1}{N-1} \sum_{i=1}^{N} \left(y_i - \frac{\mu_y}{\mu_x} \cdot x_i\right)^2 .$$

Beweis des Lemmas:
Wir bilden die Differenz der Verhältnisse in Stichprobe und Grundgesamtheit, die sich aus den Momenten bilden lassen:

$$\text{(AIV.3)} \quad \frac{\bar{y}}{\bar{x}} - \frac{\mu_y}{\mu_x} = \frac{\bar{y} - \frac{\mu_y}{\mu_x} . \bar{x}}{\bar{x}}$$

und ersetzen für große n im Nenner von (AIV.3) $\bar{x}$ durch seinen Erwartungswert μ_x, so daß

$$\text{(AIV.4)} \quad \frac{\bar{y}}{\bar{x}} - \frac{\mu_y}{\mu_x} \cong \frac{\bar{y} - \frac{\mu_y}{\mu_x} \cdot \bar{x}}{\mu_x} .$$

Da dann für den Erwartungswert von $\frac{\bar{y}}{\bar{x}}$ gilt

$$\text{(AIV.5)} \quad E\left(\frac{\bar{y}}{\bar{x}}\right) \cong \frac{\mu_y}{\mu_x} ,$$

erhalten wir für die Varianz von $\frac{\bar{y}}{\bar{x}}$

$$V\left(\frac{\bar{y}}{\bar{x}}\right) = E\left\{\left[\frac{\bar{y}}{\bar{x}} - E\left(\frac{\bar{y}}{\bar{x}}\right)\right]^2\right\} \cong E\left[\left(\frac{\bar{y}}{\bar{x}} - \frac{\mu_y}{\mu_x}\right)^2\right]$$

und hieraus wegen (AIV.4)

$$\text{(AIV.6)}\qquad V\left(\frac{\bar{y}}{\bar{x}}\right) \cong E\left[\left(\frac{\bar{y} - \frac{\mu_y}{\mu_x}\cdot\bar{x}}{\mu_x}\right)^2\right] = \frac{1}{\mu_x^2}\cdot E\left[\left(\bar{y} - \frac{\mu_y}{\mu_x}\cdot\bar{x}\right)^2\right].$$

Wir betrachten nun im einzelnen die Restgrößen

$$e_i = y_i - \frac{\mu_y}{\mu_x}\cdot x_i \qquad\qquad i = 1, \ldots, n,$$

für die gilt

$$\text{(AIV.7)}\qquad \bar{e} = \frac{1}{n}\sum_{i=1}^{n} e_i = \frac{1}{n}\sum_{i=1}^{n} y_i - \frac{1}{n}\sum_{i=1}^{n}\frac{\mu_y}{\mu_x}\cdot x_i$$

$$= \bar{y} - \frac{\mu_y}{\mu_x}\cdot\frac{1}{n}\sum_{i=1}^{n} x_i = \bar{y} - \frac{\mu_y}{\mu_x}\cdot\bar{x}$$

mit $E(\bar{e}) = 0$. Daher können wir (AIV.6) weiter entwickeln zu

$$\text{(AIV.8)}\qquad V\left(\frac{\bar{y}}{\bar{x}}\right) \cong \frac{1}{\mu_x^2}\cdot E(\bar{e}^2) = \frac{1}{\mu_x^2}\cdot V(\bar{e}).$$

Da aber bei Unabhängigkeit der einzelnen Beobachtungspaare und Ziehen ohne Zurücklegen gilt

$$\text{(AIV.9)}\qquad V(\bar{e}) \cong \frac{\sigma_e^2}{n}\cdot\frac{N-n}{N}$$

mit

$$\text{(AIV.10)}\qquad \sigma_e^2 = \frac{1}{N-1}\sum_{i=1}^{N} e_i^2 = \frac{1}{N-1}\sum_{i=1}^{N}\left(y_i - \frac{\mu_y}{\mu_x}\cdot x_i\right)^2$$

dürfen wir für (AIV.8) schreiben

$$\text{(AIV.11)}\qquad V\left(\frac{\bar{y}}{\bar{x}}\right) \cong \frac{1}{\mu_x^2}\cdot\frac{N-n}{N}\cdot\frac{1}{n}\cdot\frac{1}{N-1}\sum_{i=1}^{N}\left(y_i - \frac{\mu_y}{\mu_x}\cdot x_i\right)^2.$$

Damit ist das Lemma bewiesen.

Durch weitere Umformungen können wir nun auch den Satz beweisen.

Wegen $\mu_y = \frac{\mu_y}{\mu_x}\cdot\mu_x$ können wir (AIV.2) weiter entwickeln zu

$$\text{(AIV.12)} \quad V\left(\frac{\bar{y}}{\bar{x}}\right) \cong \frac{\frac{N-n}{N}}{n\cdot(N-1)\cdot\mu_x^2} \sum_{i=1}^{N} \left[(y_i-\mu_y) - \frac{\mu_y}{\mu_x}\cdot(x_i-\mu_x)\right]^2$$

$$= \frac{\frac{N-n}{N}}{n\cdot(N-1)\cdot\mu_x^2}\cdot\left[\sum_{i=1}^{N}(y_i-\mu_y)^2 + \frac{\mu_y^2}{\mu_x^2}\sum_{i=1}^{N}(x_i-\mu_x)^2 - 2\frac{\mu_y}{\mu_x}\sum_{i=1}^{N}(x_i-\mu_x)\cdot(y_i-\mu_y)\right]$$

$$= \frac{\frac{N-n}{N}}{n\cdot\mu_x^2}\cdot\left(\sigma_y^2 + \frac{\mu_y^2}{\mu_x^2}\cdot\sigma_x^2 - 2\frac{\mu_y}{\mu_x}\cdot\rho_{xy}\cdot\sigma_x\cdot\sigma_y\right)$$

$$= \left(\frac{\mu_y}{\mu_x}\right)^2\cdot\frac{N-n}{N}\cdot\frac{1}{n}\cdot\left(\frac{\sigma_y^2}{\mu_y^2} + \frac{\sigma_x^2}{\mu_x^2} - 2\rho_{xy}\cdot\frac{\sigma_x}{\mu_x}\cdot\frac{\sigma_y}{\mu_y}\right).$$

Damit ist der Satz bewiesen.

A V. Lösungen der Übungsaufgaben

Die Rechenaufgaben können wie folgt gelöst werden:

2.2. a) $\binom{52}{5} = \frac{52\cdot 51\cdot 50\cdot 49\cdot 48}{1\cdot 2\cdot 3\cdot 4\cdot 5} = 2.598.960$ Möglichkeiten.

b) $\binom{4}{2}\cdot\binom{48}{3} = \frac{4\cdot 3}{1\cdot 2}\cdot\frac{48\cdot 47\cdot 46}{1\cdot 2\cdot 3} = 103.776$ Möglichkeiten.

c) $\binom{4}{3}\cdot\binom{48}{2} = \frac{4\cdot 3\cdot 2}{1\cdot 2\cdot 3}\cdot\frac{48\cdot 47}{1\cdot 2} = 4.512$ Möglichkeiten.

d) $13\cdot\frac{\binom{4}{4}\cdot\binom{48}{1}}{\binom{52}{5}} = \frac{13\cdot 48}{2.598.960} \cong 0{,}00024.$

3.3. a) $n \geq \frac{k^2\cdot\sigma^2}{d_{\bar{x}}^2} = \frac{1{,}96^2\cdot 20^2}{2^2} = 19{,}6^2 = 384{,}16.$

Der Stichprobenumfang sollte mindestens 385 Personen umfassen.

b) $n \geq \frac{2{,}58^2\cdot 20^2}{2^2} = 25{,}8^2 = 665{,}64.$

Der Stichprobenumfang sollte mindestens 666 Personen umfassen.

3.4. $n \geq \left(\frac{k\cdot va}{r_{\bar{x}}}\right)^2 = \left(\frac{3{,}3\cdot 0{,}2}{0{,}02}\right)^2 = 33^2 = 1.089.$

Der Stichprobenumfang sollte mindestens 1.089 Untersuchungseinheiten umfassen.

5.5. a) Proportionale Aufteilung

$f = \frac{n}{N} = \frac{400}{50.000} = 0{,}008.$ $n_s = \frac{n}{N}\cdot N_s = f\cdot N_s = 0{,}008\cdot N_s$

s	N_s	n_s
1	40.000	320
2	7.000	56
3	2.000	16
4	1.000	8
Σ	50.000	400

b) Optimale Aufteilung

$$n_s = \frac{N_s\cdot\sigma_s}{\sum_{s=1}^{4} N_s\cdot\sigma_s}\cdot n$$

s	N_s	σ_s	$N_s \cdot \sigma_s$	$\frac{N_s \cdot \sigma_s}{\Sigma N_s \cdot \sigma_s}$	n_s
1	40.000	6	240.000	0,600	240
2	7.000	10	70.000	0,175	70
3	2.000	15	30.000	0,075	30
4	1.000	60	60.000	0,150	60
Σ	50.000	--	400.000	1,000	400

6.2. a) $\hat{X}(T_1)$ = Gesamtertragsschätzung für dieses Jahr (T_1) (Verhältnisschätzung)

$X(T_0)$ = Gesamtertrag im Vorjahr (T_0)

$x_j(T_1)$ = Ertrag von Baum j in diesem Jahr

$x_j(T_0)$ = Ertrag von Baum j im Vorjahr

$$\hat{X}(T_1) = \frac{\sum_{j=1}^{8} x_j(T_1)}{\sum_{j=1}^{8} x_j(T_0)} \cdot X(T_0) = \frac{200}{192} \cdot 2.500 \text{ Kilo} \cong 2.604 \text{ Kilo.}$$

b) $\hat{\hat{X}}(T_1)$ = Gesamtertragsschätzung für dieses Jahr (T_1) (aufgrund des Mittels der Meßzahlen)

$$\hat{\hat{X}}(T_1) = \frac{1}{8} \sum_{j=1}^{8} \frac{x_j(T_1)}{x_j(T_0)} \cdot X(T_0) = \frac{1}{8} \cdot \left(\frac{25}{21}+\frac{29}{24}+\frac{30}{32}+\frac{23}{25}+\frac{20}{22}+\frac{18}{21}+\frac{25}{23}+\frac{30}{24}\right) \cdot 2.500$$

$$\cong 312{,}5 \cdot (1{,}19 + 1{,}21 + 0{,}94 + 0{,}92 + 0{,}91 + 0{,}86 + 1{,}09 + 1{,}25)$$

$$= 312{,}5 \cdot 8{,}37 \cong 2.616 \text{ [Kilo]}.$$

7.2.

j	$x_j(T_1)$	$x_j(T_0)$	$x_j(T_1)-\bar{x}_1$	$x_j(T_0)-\bar{x}_0$	$[x_j(T_0)-\bar{x}_0]\cdot[x_j(T_1)-\bar{x}_1]$	$[x_j(T_0)-\bar{x}_0]^2$
1	25	21	0	-3	0	9
2	29	24	4	0	0	0
3	30	32	5	8	40	64
4	23	25	-2	1	-2	1
5	20	22	-5	-2	10	4
6	18	21	-7	-3	21	9
7	25	23	0	-1	0	1
8	30	24	5	0	0	0
Σ	200	192	0	0	69	88
	$\bar{x}_1=25$	$\bar{x}_0=24$				

$$\hat{\beta} = \frac{\text{cov}[x(T_1),\ x(T_0)]}{s^2_{x(T_0)}} = \frac{\sum_{j=1}^{8} [x_j(T_0)-\bar{x}_0]\cdot[x_j(T_1)-\bar{x}_1]}{\sum_{j=1}^{8} [x_j(T_0)-\bar{x}_0]^2} = \frac{69}{88} \cong 0{,}784.$$

$$\mu_{x_0} = \frac{X(T_0)}{M} = \frac{2.500}{100} = 25.$$

$$\hat{\mu}_{x_1} = \bar{x}_1 + \hat{\beta}\cdot(\mu_{x_0} - \bar{x}_0) \cong 25 + 0{,}784\cdot(25 - 24) = 25{,}784.$$

$$\hat{X}(T_1) = M\cdot\hat{\mu}_{x_1} \cong 100\cdot 25{,}784 = 2.578{,}4.$$

Die Regressionsschätzung des Gesamtertrages für dieses Jahr ergibt rd. 2.578 Kilo.

A VI. Ein BASIC-Computerprogramm zur zweistufigen Auswahl

In Abschnitt 8.2.1 wurde das allgemeine Modell der zweistufigen Auswahl vorgestellt. Aus einigen der dort präsentierten Beziehungen wurde ein kleines Computerprogramm erstellt, das exemplarisch dem Anwender die Möglichkeiten der Nutzung von PC's zeigen soll.

Aufgabe des Programms ist die Berechnung des Erwartungswerts und die Erstellung einer Hochrechnung.

PROGRAMM:

```
100 CLS
110 PRINT"Zweistufige Auswahl"
120 PRINT"__________________"
130 READ NG
140 PRINT"Umfang der Grundgesamtheit (GG) =";NG
150 READ MG
160 PRINT"Anzahl der primaeren Einheiten der GG =";MG
170 READ MS
180 PRINT"Anzahl der primaeren Einheiten der Stpr =";MS
190 DIM NG(MS),NS(MS),XS(MS),X(MS,500)
200 REM Anzahlen der sekundaeren Einh. der prim. Einheiten,GG
210 FOR J=1 TO MS
220 READ NG(J)
230 NEXT J
240 REM Anzahlen der sekundaeren Einh. der prim. Einheiten,Stpr.
250 FOR J=1 TO MS
260 READ NS(J)
270 NS=NS+NS(J)
280 NEXT J
290 PRINT"Stichprobenumfang =";NS
300 PRINT
310 REM Merkmalswerte sek. Einh., die einer prim. Einh. angehoeren
320 FOR J=1 TO MS
330 PRINT NS(J);"Merkmalswerte aus der";J;". primaeren Einheit:"
340 FOR K=1 TO NS(J)
350 READ X(J,K)
360 PRINT X(J,K);
370 XS(J)=XS(J)+X(J,K)
380 NEXT K
390 PRINT
400 XJ=XJ+XS(J)*NG(J)/NS(J)
410 NEXT J
420 XH=XJ*MG/MS
430 XQ=XH/NG
440 PRINT
450 PRINT"Schaetzung des Erwartungswertes=";XQ
460 PRINT
470 PRINT"Hochrechnung=";XH
480 END
490 DATA 3457
500 DATA 11
510 DATA 3
520 DATA 517, 215, 323
530 DATA 5, 2, 3
540 DATA 23.5, 37.2 , 16.8 , 17.2 , 33.2
550 DATA 57.2 , 81.7
560 DATA 106.6 , 111.3 , 128.9
```

PROGRAMMBESCHREIBUNG:

(100) Bildschirm wird gelöscht (CLS = clear screen).

(110-120) Überschrift.

(130-140) Der Umfang der Grundgesamtheit NG wird von der DATA-Anweisung 490 gelesen und am Bildschirm ausgegeben.

(150-160) Die Anzahl der primären Einheiten MG der Grundgesamtheit wird von der DATA-Anweisung 500 gelesen und am Bildschirm ausgegeben.

(170-180) Die Anzahl der primären Einheiten MS wird von der DATA-Anweisung 510 gelesen und am Bildschirm ausgegeben.

(190) Mit der DIM-Anweisung werden für die Variablen NG, NS, XS Speicher für die Feldvariablen (Vektoren) und die Matrix X dimensioniert.

(200-230) Die Anzahlen der sekundären Einheiten, die den jeweiligen primären Einheiten der Grundgesamtheit zugeordnet sind, werden von der DATA-Anweisung 520 gelesen.

(240-280) Die Anzahlen der sekundären Einheiten, die den jeweiligen primären Einheiten der Stichprobe zugeordnet sind, werden von der DATA-Anweisung 530 gelesen. Ihre Summe wird in 270 gebildet und ergibt den Stichprobenumfang.

(290-300) Der Stichprobenumfang wird am Bildschirm ausgegeben.

(310-410) Zunächst werden die Merkmalswerte, geordnet nach zugehöriger erststufiger Einheit, von den DATA-Anweisungen 540, 550 und 560 gelesen und am Bildschirm ausgegeben. In 370 wird die Summe XS(J) der (zweitstufigen) Merkmalswerte der Stichprobe, die mittels der j-ten erststufigen Einheit erfaßt wurden, gebildet. In 400 werden diese Summen mit den Kehrwerten der Auswahlsätze der jeweiligen Primäreinheit multipliziert und anschließend aufsummiert.

(420) Berechnung der Hochrechnung aus dieser Summe.

(430) Berechnung der Schätzung des Erwartungswerts aus der Hochrechnung.

(440-470) Ausgabe von Schätzung des Erwartungswerts und Hochrechnung am Bildschirm.

(480) Programmende.

(490-560) DATA-Anweisungen.

PROGRAMMBEISPIEL:

Aus einer Grundgesamtheit mit 3457 Einheiten wird eine Stichprobe vom Umfang 10 gebildet. Aus Platzgründen wurde ein einfaches hypothetisches Beispiel gebildet, das der Benutzer durch ein anspruchsvolleres Beispiel ersetzt, indem er entsprechend die DATA-Anweisungen überschreibt. Von 11 primären Einheiten der Grundgesamtheit sind im Beispiel 3 in die Stichprobe gelangt. Bei 5 Einheiten aus der 1., 2 Einheiten aus der 2. und 3 Einheiten aus der 3. primären Einheit ergibt sich ein Stichprobenumfang von 10. Die Merkmalswerte, getrennt nach primären Einheiten, waren

23,5 37,2 16,8 17,2 33,2
57,2 81,7
105,6 111,3 128,8.

Hiermit ergab sich eine Schätzung des Erwartungswerts von 69,34208 und eine Hochrechnung von 239715,6.

Bei der Eingabe von Dezimalzahlen ist darauf zu achten, daß das deutsche Dezimalkomma in der amerikanischen Schreibweise, die der Syntax von Computern zugrundeliegt, durch einen Dezimalpunkt zu ersetzen ist.

AUSDRUCK DES PROGRAMMBEISPIELS:

```
Zweistufige Auswahl
___________________
Umfang der Grundgesamtheit (GG) = 3457
Anzahl der primaeren Einheiten der GG = 11
Anzahl der primaeren Einheiten der Stpr = 3
Stichprobenumfang = 10

 5 Merkmalswerte aus der 1 . primaeren Einheit:
 23.5  37.2  16.8  17.2  33.2
 2 Merkmalswerte aus der 2 . primaeren Einheit:
 57.2  81.7
 3 Merkmalswerte aus der 3 . primaeren Einheit:
 105.6  111.3  128.8

Schaetzung des Erwartungswertes= 69.34208

Hochrechnung= 239715.6
```

A VII. Das zweistufige Stichprobenmodell: Ein spezielles Modell

In diesem zweistufigen Modell besitzt jede Primäreinheit die gleiche Anzahl von Sekundäreinheiten, d.h. in der Grundgesamtheit gilt in der Notation des allgemeinen Modells

(8.2.32) $N_j = C \quad \text{für } j = 1, \ldots, M.$

Dieses Modell eignet sich somit für Untersuchungen, in denen die erststufigen Einheiten künstlich gebildet werden bzw. zur Kontrolle von Produktionsprozessen, in denen jede Einheit sich aus der gleichen Anzahl von Komponenten zusammensetzt.

Entsprechend erfaßt man in der Stichprobe in der 2. Stufe jeweils eine konstante Anzahl von Sekundäreinheiten aus den ausgewählten Primäreinheiten, so daß in der Notation des allgemeinen Modells gilt

(8.2.33) $n_j = c \quad \text{für } j = 1, \ldots, m.$

Demnach gelangen von $N = M \cdot C$ Sekundäreinheiten der Grundgesamtheit nun $n = m \cdot c$ Sekundäreinheiten in die Stichprobe und für den Auswahlsatz f erhält man

(8.2.34) $f = \frac{n}{N} = \frac{m \cdot c}{M \cdot C}.$

In jeder der m ausgewählten Primäreinheiten der Stichprobe gilt der Auswahlsatz f_S der Sekundäreinheiten (zuvor f_j im allgemeinen Modell) konstant

(8.2.35) $f_S = \frac{c}{C},$

während

(8.2.36) $f_P = \frac{m}{M}$

den Auswahlsatz der Primäreinheiten darstellt. Mithin besteht zwischen diesen Auswahlsätzen die Beziehung

(8.2.37) $f = f_P \cdot f_S,$

d.h. der Auswahlsatz (total) ist das Produkt der Auswahlsätze von Primär- und Sekundäreinheiten.

Beispiel: Der Ausstoß von 24.000 Bierflaschen in 1.000 Kästen mit je 24 Bierflaschen wird so untersucht, daß als Stichprobe 100 Kästen ausgewählt werden, woraus jeweils 2 Flaschen entnommen und geprüft werden.
Aus $f_P = \frac{100}{1.000} = \frac{1}{10}$ und $f_S = \frac{2}{24} = \frac{1}{12}$ ergibt sich ein Auswahlsatz (total) von $f = \frac{200}{24.000} = \frac{1}{120}$, d.h. jede 120. Flasche wird geprüft.

Für die Schätzung des Erwartungswerts μ verwenden wir (8.2.15) und erhalten wegen $N = M \cdot C$ und $m = \frac{n}{c}$ nun

$$(8.2.38) \quad \hat{\mu} = \hat{\bar{\bar{X}}} = \frac{1}{M \cdot C} \cdot \frac{M}{\frac{n}{c}} \sum_{j=1}^{m} \frac{C}{c} \sum_{k=1}^{c} x_{jk}$$

$$= \frac{1}{n} \sum_{j=1}^{m} \sum_{k=1}^{c} x_{jk} ,$$

also die direkte Schätzung $\tilde{\bar{\bar{X}}}$ des Erwartungswerts mit dem Stichprobenmittel (vgl. mit (8.2.16), wobei nun gilt $n_j = c$ wegen (8.2.33)).

Die externe Streuung der Durchschnitte $\bar{\bar{x}}_j$ der Sekundäreinheiten in der Stichprobe (Gewichtung mit den Anteilen $\frac{1}{m} = \frac{c}{n}$ der Primäreinheiten) wird berechnet mit

$$(8.2.39) \qquad s_b^2 = \frac{1}{m} \sum_{j=1}^{m} (\bar{\bar{x}}_j - \hat{\mu})^2 ,$$

während die interne Streuung der Merkmalswerte der Sekundäreinheiten, die in der Stichprobe aus der j-ten erststufigen Einheit gezogen wurden, berechnet wird mit

$$(8.2.40) \qquad s_j^2 = \frac{1}{c} \sum_{k=1}^{c} (x_{jk} - \bar{\bar{x}})^2 \qquad j = 1, \ldots, m.$$

Die Gesamtstreuung der Merkmalswerte der Sekundäreinheiten in der Stichprobe (eine ähnliche Betrachtung läßt sich für die Grundgesamtheit anstellen)

$$(8.2.41) \qquad s^2 = \frac{1}{n} \sum_{j=1}^{m} \sum_{k=1}^{c} (x_{jk} - \hat{\mu})^2$$

ist darstellbar als Summe

$$(8.2.42) \qquad s^2 = \frac{1}{m} \sum_{j=1}^{m} s_j^2 + \frac{1}{m} \sum_{j=1}^{m} (\bar{x}_j - \hat{\mu})^2$$

$$= s_w^2 + s_b^2 ,$$

wobei

$$(8.2.43) \qquad s_w^2 = \frac{1}{m} \sum_{j=1}^{m} s_j^2$$

nunmehr das (ungewogene) arithmetische Mittel der internen Streuungen ist, während

$$(8.2.44) \qquad s_b^2 = \frac{1}{m} \sum_{j=1}^{m} (\bar{x}_j - \hat{\mu})^2$$

die Varianz zwischen den Durchschnitten der Sekundäreinheiten darstellt.

Die Beziehungen (8.2.30) und (8.2.31) der Varianzen der Durchschnitte $\bar{\bar{X}}$ und $\bar{X}$ des allgemeinen Modells 8.2.1 bleiben auch im speziellen Modell 8.2.2 bestehen.

Im nächsten Abschnitt sollen dreistufige Zufallsmodelle betrachtet werden, die prinzipiell einen höheren methodischen Aufwand erfordern als entsprechende zweistufige Zufallsmodelle.

Literaturverzeichnis

Berge, C. [1968]: Principes de Combinatoire. Paris 1968.

Brewer, K.R. und M. Hanif [1983]: Sampling With Unequal Probabilities. New York-Heidelberg-Berlin 1983.

Bruckmann, G. [1966]: Schätzung von Wahlresultaten aus Teilergebnissen. Frühzeitige Aussagen über den Ausgang von politischen Wahlen durch Anwendung von Stichprobenverfahren. Würzburg-Wien 1966.

Cassel, C.-M., C.-E. Särndal und J.H. Wretman [1977]: Foundations of Inference in Survey Sampling. New York-London-Sydney 1977.

Cochran, W.G. [1972]: Stichprobenverfahren. Berlin-New York 1972.

Dalenius, T. [1957]: Sampling in Sweden. Contributions to the Methods and Theories of Sample Survey Practice. Stockholm 1957.

Deming, W.E. [1957]: Some Theory of Sampling. New York-London 1957.

Deming, W.E. [1960]: Sample Design in Business Research. New York-London 1960.

Durbin, J. [1959]: A note on the application of Quenouille's method of bias reduction to the estimation of ratios. Biometrika, 46(1959), S. 477-480.

Ghosh, S.P. [1963]: Optimum stratification with two characters. The Annals of Mathematics and Statistics, 34(1963), S. 866-872.

Hansen, M.H., W.N. Hurwitz und W.G. Madow [1953I]: Sample Survey Methods and Theory. Vol. I: Methods and Applications. New York-London 1953.

Hansen, M.H., W.N. Hurwitz und W.G. Madow [1953II]: Sample Survey Methods and Theory. Vol. II: Theory. New York-London 1953.

Jessen, R.J. [1978]: Statistical Survey Techniques. New York-Brisbane-Toronto 1978.

Kellerer, H. [1963]: Theorie und Technik des Stichprobenverfahrens. 3. Aufl., München 1963.

Kendall, M.G. und A. Stuart [1963]: The Advanced Theory of Statistics. Vol. 1: Distribution Theory. 2. Aufl., London 1963.

Kendall, M.G. und A. Stuart [1966]: The Advanced Theory of Statistics. Vol. 3: Design and Analysis, and Time-Series. London 1966.

Kish, L. [1965]: Survey Sampling. New York 1965.

Krug, W. und M. Nourney [1982]: Wirtschafts- und Sozialstatistik. München Wien 1982.

Leiner, B. [1980]: Einführung in die Statistik. München-Wien 1980.

Leiner, B. [1988]: Statistik-Programme in BASIC. München-Wien 1988.

Menges, G. [1959]: Stichproben aus endlichen Gesamtheiten. Frankfurt a.M. 1959.

Menges, G. [1982]: Die Statistik. Wiesbaden 1982.

Menges, G. und B. Leiner [1971]: Ökonometrische Untersuchung über die Wirtschaft Maltas. Meisenheim am Glan 1971.

Menges, G. und H.J. Skala [1973]: Grundriß der Statistik. Teil 2: Daten. Opladen 1973.

Mickey, M.R. [1959]: Some finite population unbiased ratio and regression estimators. Journal of the American Statistical Association, 54(1959), S. 594-612.

Neyman, J. [1934]: On the two different aspects of the representative method: the method of stratified sampling and the method of purposiv selection. Journal of the Royal Statistical Society, 97(1934), S. 558-606.

Pokropp, F. [1980]: Stichproben. Theorie und Verfahren. Königstein 1980.

Raj, D. [1968]: Sampling Theory. New York-St.Louis- San Francisco 1968.

Raj, D. [1972]: The Design of Sample Surveys. New York- San Francisco-Düsseldorf 1972.

RAND Corporation (Hrsg.) [1955]: A Million Random Digits With 100,000 Normal Deviates. New York-London 1955.

Schäffer, K.A. [1971]: Planung geschichteter Stichproben bei Vorgabe von Genauigkeitsforderungen für mehrere Merkmale. Allgemeines Statistisches Archiv, 55(1971), S. 114-124.

Schaich, E., D. Köhle, W. Schweitzer und F. Wegner [1974]: Statistik I für Volkswirte, Betriebswirte und Soziologen. München 1974.

Schneeberger, H. [1970]: Optimierung in der Stichprobentheorie durch Schichtung. Statistische Hefte, 11(1970), S. 242-253.

Schneeberger, H. [1973]: Optimale Aufteilung des Stichprobenumfangs bei mehreren Merkmalen. Metrika, 20(1973), S. 1-16.

Schwarz, H. [1975]: Stichprobenverfahren. München 1975.

Smith, T.M.F. [1976]: The foundations of survey sampling: a review. Journal of the Royal Statistical Society, Series A, 139(1976), S. 183-195.

Statistisches Bundesamt [1960]: Stichproben in der amtlichen Statistik. Stuttgart-Mainz 1960.

Statistisches Bundesamt [1981]: Das Arbeitsgebiet der Bundesstatistik. Stuttgart-Mainz 1981.

Stenger, H. [1971]: Stichprobentheorie. Würzburg-Wien 1971.

Stenger, H. [1974]: Mehrstufige Stichprobenverfahren. Metrika, 21(1974), S. 7-18.

Stenger, H. [1977]: Antwortvariabilität als Fehlerquelle. Allgemeines Statistisches Archiv, 61(1977), S. 391-403.

Stenger, H. (Hrsg.) [1980]: Praktische Anwendungen von Stichprobenverfahren. Göttingen 1980.

Strecker, H., R. Wiegert, J. Peeters und K. Kafka [1983]: Messung der Antwortvariabilität auf Grund von Erhebungsmodellen mit Wiederholungszählungen. Göttingen 1983.

Sudman, S. [1976]: Applied Sampling. New York-San Francisco-London 1976.

Theuerkauf, I. [1981]: Sequentielle Schätzverfahren. Göttingen 1981.

Tschuprow, A.A. [1923]: On the mathematical expectation of the moments of frequency distributions in the case of correlated observations. Metron, 2(1923), S. 646-683.

UN [1972] (Hrsg.: Statistical Office of the United Nations): A Short Manual on Sampling. Vol. I: Elements of Sample Survey Theory. New York 1972 (Series F, No. 9, Rev. 1)

Wald, A. [1947]: Sequential Analysis. New York 1947.

Williams, B. [1978]: A Sampler on Sampling. New York-Chichester-Brisbane 1978.

Yamane, T. [1967]: Elementary Sampling Theory. New York 1967.

Yates, F. [1965]: Sampling Methods for Censuses and Surveys. 3. Aufl., London 1965.

Sachverzeichnis

Errata

Auf **Seite 64** ist die 4. Zeile zu ersetzen durch:

probe gewogene arithmetische Mittel der Schichtenmittelwerte $\bar{x}_s$.

Auf **Seite 72** ist die 1. und 2. Zeile zu ersetzen durch:

man, daß für die proportionale Aufteilung das Stichprobenmittel
$\bar{x}$ gewonnen wird als ungewogenes arithmetisches Mittel der Beob-

Auf **Seite 77** ist Gleichung (5.3.9) zu ersetzen durch:

$$(5.3.9) \quad C = c_0 + c \cdot \sum_{s=1}^{S} n_s = c_0 + c \cdot n$$

Auf **Seite 90** ist die 2. Zeile zu ersetzen durch:

Wird das Verhältnis μ_y/μ_x der Erwartungswerte zweier Merkmale

Auf **Seite 91** ist Gleichung (6.3.8) zu ersetzen durch:

$$(6.3.8) \quad V(\hat{Y}) \cong Y^2 \cdot \frac{N-n}{N} \cdot \frac{1}{n} \cdot \left(\frac{\sigma_y^2}{\mu_y^2} + \frac{\sigma_x^2}{\mu_x^2} - 2\rho_{xy} \cdot \frac{\sigma_x}{\mu_x} \cdot \frac{\sigma_y}{\mu_y}\right).$$

www.ingramcontent.com/pod-product-compliance
Lightning Source LLC
LaVergne TN
LVHW081337011026
849161LV00013BB/2944